SARAH WIENERs
MEDITERRANE KÜCHE

SARAH WIENERs
MEDITERRANE KÜCHE

Fotos: Fritz von der Schulenburg

BLOOMSBURY BERLIN

DANKSAGUNG

Wie bei jedem Projekt gab es auch bei diesem viele Menschen, die mich tatkräftig unterstützt haben und die der Außenstehende nicht wahrnimmt. Ich möchte in tiefem Respekt und in großer Hochachtung zuallererst allen Köchen, Küchenhilfen, Spülern, Fahrern, Kellnern, Restaurantleitern, Organisatoren, Buchhaltern und Assistenten, Bankettleitern und Konditoren, Praktikanten und meinen beiden Geschäftsführern Elenor und Jochen von Herzen danken! Sie alle sind »Sarah Wiener«.

Einige Menschen haben sich für dieses Buch besonders engagiert: Fritz, Marie-Ange, Ann-Catherine, Nino, Nina, Eva Maria, Michael, Ursel, Eberhard und natürlich Elisabeth. Ein besonderer Dank geht an Herrn Bornhäußer und die Firma Rosenthal, die uns in Italien mit Geschirr versorgt hat. Danke auch an Katherina, Carlo und Andrea aus Sardinien, dass sie mich an ihren Kochgeheimnissen teilhaben ließen.

Und schließlich möchte ich meinen Berliner Freundinnen Käthe, Andrea, Loni und Bettina (der besten Schürzendesignerin!) danken, die meine Gerichte oft kochen, essen und kritisieren mussten – und trotzdem meine Freundinnen geblieben sind.

DEM GESCHMACK, DEM LICHT UND DER FREUDE GEWIDMET

INHALT

Antipasti   9

Suppen   49

Salate & Gemüse   57

Pasta   81

Fisch   101

Fleisch   117

Kuchen & Süßes   133

Register   159

ANTIPASTI

EIER MIT ZUCCHINI-TUNFISCH-FÜLLUNG

(für 4 Stück)

6 Eier

1 kleine Zucchini (ca. 150 g)

1 Knoblauchzehe

50 g Tunfisch in Öl (aus der Dose)

Pfeffer aus der Mühle

1/2 Bund Basilikum

5–6 EL Paniermehl

1/4 l Sonnenblumenöl

Meersalz

4 Eier 10 Minuten kochen, kalt abschrecken und abkühlen lassen.

Zucchini putzen, waschen und klein schneiden oder grob raspeln. Knoblauch abziehen, dazupressen. Abgetropften Tunfisch untermischen.

Gekochte Eier pellen, halbieren und das Eigelb entfernen. Eigelbe mit fein geschnittenem Basilikum zur Zucchinimasse geben, pfeffern. Die halben Eier mit dieser Masse füllen und wieder zu ganzen Eiern zusammenfügen.

Die beiden restlichen Eier verquirlen und die gefüllten Eier erst in Ei, dann in Paniermehl wälzen. In heißem Öl vorsichtig rundum goldbraun braten. Auf Küchenpapier abtropfen lassen, salzen.

Schmeißen Sie Ihre alten Brötchen, Weißbrote und Baguettes nicht weg! An einem trockenen und luftigen Ort (z. B. in einem Baumwoll- oder Leinensack) ganz durchtrocknen lassen. Sie können daraus mit der Moulinette oder einer Reibe Brösel und Mehl (fein reiben) herstellen oder Würfel für Knödel schneiden. Trockenes Mehl hält sich (fast) ewig. Kontrollieren Sie regelmäßig, ob es schimmelig ist – ich werfe dann alles weg (Sporen), koche den Beutel aus und fange von vorne an.

EINGELEGTE SARDINEN

(für 4 Personen)
600 g Sardinen
Meersalz
je 1 rote und weiße Zwiebel
ca. 400 ml Weißweinessig

Den Kopf der Sardinen abtrennen, Fische ausnehmen und entgräten. Filets abspülen, trockentupfen und in ein Gefäß schichten, dabei jede Lage salzen. Zwiebeln abziehen, in mittelfeine Streifen schneiden, auf den Sardinen verteilen und mit Essig ganz bedecken.
24 Stunden im Kühlschrank stehen lassen. Der Essig »kocht« die Fische gar. Sie halten einige Tage.

 Am besten ist es, ganz kleine Sardinen zu nehmen. Es geht aber auch mit größeren, dann muss man allerdings jedes Filet noch mal längs teilen.

BRUSCHETTA

(für 4–6 Personen)

1 Baguette

2 große Knoblauchzehen

ca. 1/8 l Olivenöl

7–8 mittelgroße reife Tomaten (ca. 700 g)

3 Zweige Basilikum

Meersalz, Pfeffer aus der Mühle

Backofen auf 220 °C (Gas Stufe 4) vorheizen. Baguette schräg in fingerbreite Scheiben schneiden und ca. 5 Minuten im Ofen oder evtl. auf dem Toaster rösten. Knoblauch abziehen, halbieren und mit der angeschnittenen Seite die Baguettescheiben einreiben. Anschließend mit 8–10 EL Olivenöl beträufeln.

Tomaten waschen, entkernen und in Würfel schneiden. Auf die Brotscheiben verteilen. Basilikumblätter klein zupfen und über die Tomaten streuen. Mit Salz und Pfeffer würzen. Mit dem restlichen Olivenöl beträufeln.

GEFÜLLTE WEINBLÄTTER

(für 4–6 Personen)

30 g Reis

Meersalz

200 g eingelegte Weinblätter

2 Zwiebeln

3 mittelgroße Tomaten

1 kg Rinderhackfleisch

1 Bund Dill

Pfeffer aus der Mühle

3 EL Olivenöl

Reis in kochendem Salzwasser nach Packungsanleitung garen. Weinblätter zum Entsalzen in Wasser einweichen.

Zwiebeln abziehen, klein würfeln. Tomaten waschen, entkernen und ebenfalls klein würfeln. Beides mit Hack, abgetropftem Reis, gehacktem Dill, Salz und Pfeffer verkneten.

Weinblätter mit kochendem Wasser überbrühen, abtropfen lassen. Etwas Füllung auf die breite Seite beim Stielansatz geben, Seiten drüberschlagen und vom Stielansatz zur Spitze hin möglichst fest aufrollen. Mit der Nahtstelle nach unten dicht an dicht in einen Topf legen, Öl und so viel Wasser angießen, dass die Röllchen knapp bedeckt sind. Mit einem feuerfesten Teller beschweren, aufkochen und bei kleiner Hitze ca. 1 Stunde garen.

 Weinblätter kann man unterschiedlich füllen – z. B. mit Schafskäse und Pfefferminze oder mit Lammhack und Rosinen.

GEFÜLLTE AUBERGINENRÖLLCHEN

(für 4 Personen)
2 Auberginen

Für die Füllung:
ca. 9 EL Olivenöl
100 g sardischer Hartkäse (z. B. Pecorino)
2 Tomaten
2 Knoblauchzehen
2 Zweige Salbei
Meersalz, Pfeffer aus der Mühle
3 EL Zitronensaft

Auberginen putzen, waschen und in sehr dünne Scheiben (ca. 2 mm) schneiden. Portionsweise in je 2 EL heißem Öl bei kleiner bis mittlerer Hitze von beiden Seiten braten. Nicht zu heiß werden lassen: Wenn die Auberginen braun werden, werden sie hart und lassen sich kaum noch biegen.

Käse entrinden und in sehr feine Würfel schneiden oder grob raspeln. Tomaten waschen, entkernen und würfeln. Knoblauch abziehen, fein hacken. Im restlichen heißen Öl mit den Tomaten kurz andünsten. Den Käse in die noch warme Masse rühren, mit gehacktem Salbei, Salz und Pfeffer abschmecken.

Jeweils etwas Füllung auf das untere Drittel einer Auberginenscheibe geben und nach oben einrollen. Zum Schluss die fertigen Rollen mit Zitronensaft beträufeln.

 Ich schneide die Stängel der Auberginen gerade ab, stelle die Aubergine aufrecht auf ein Brett und schneide sie von oben nach unten in dünne Scheiben. Das ist leichter, als sie längs zu schneiden.

CROSTINI MIT ZUCKERSCHOTEN-LACHSTATAR

(für ca. 16 Stück)

1/2 helles Baguette

5–6 EL Limonenöl

150 g Zuckerschoten (Kaiserschoten) oder Schlangenbohnen

Meersalz

250 g geräucherter Lachs

1/2 Bund Korianderkraut

Pfeffer aus der Mühle

Saft von 1/2 Limette

2 EL Crème fraîche

Backofen auf 220 °C (Gas Stufe 4) vorheizen. Das Baguette im Ofen ca. 5 Minuten leicht anrösten, bis es knusprig ist. Danach in ca. 16 Scheiben schneiden und mit Limonenöl bestreichen. Zuckerschoten putzen, dann in kochendem Salzwasser kurz blanchieren. Mit kaltem Wasser abschrecken, damit sie die Farbe behalten. Den Lachs und die Zuckerschoten in kleine Würfel schneiden. Koriander abspülen, trockenschütteln und einen Stängel beiseite stellen. Den Rest grob hacken und mit Lachs und Zuckerschoten vermengen. Mit Salz, Pfeffer, Limettensaft und einigen Tropfen Limonenöl verfeinern.

Aus dem Tatar Nocken formen und jeweils mittig auf die Crostini platzieren. Mit ein wenig Crème fraîche und einem Korianderblatt drapieren.

 Limonenöl kann man leicht selbst herstellen: 1 Bio-Limone oder -Limette mit einem Öltuch gut abreiben (entfernt Unreinheiten). Mit einer feinen Reibe die Zeste lösen. Zeste in eine kleine Flasche mit ca. 100 ml mildem kaltgepresstem Olivenöl oder Pflanzenöl füllen. Mindestens 3 Tage kühl und dunkel stehen lassen.

Rohe Bohnen enthalten Fasin, daher sollte man sie nicht roh verzehren.

WÜRZIGE BLÄTTERTEIGSCHNECKEN

(für ca. 40 Stück)

6 Scheiben Blätterteig (450 g, tiefgekühlt)

2 Bund Petersilie

150 g Schafskäse

Meersalz

75 g Tomatenmark

3 EL Kapern

Pfeffer aus der Mühle, Cayennepfeffer

Mehl für die Arbeitsfläche

Blätterteig auftauen. Backofen auf 200 °C (Gas Stufe 4) vorheizen.

Petersilie fein hacken. Schafskäse mit einer Gabel zerdrücken, Petersilie untermischen und mit wenig Salz abschmecken. Tomatenmark mit fein gehackten Kapern verrühren und mit Salz, Pfeffer und Cayennepfeffer würzen.

Je 3 Blätterteigplatten übereinander legen und auf einer bemehlten Arbeitsfläche zu Rechtecken (20 x 40 cm) ausrollen. Ein Rechteck mit Käse-, das andere mit Tomatenpaste bestreichen. Von der schmalen Seite her aufrollen, kühl stellen oder im Gefrierfach kurz etwas fester werden lassen, in Scheiben schneiden und aufs Blech legen. 8–10 Minuten goldbraun backen.

 Blätterteigreste nicht zusammenkneten, sondern nur aufeinander legen und dann wieder ausrollen, sonst geht der Teig nicht mehr auf.

ZUCCHINI-KALBSRÖLLCHEN MIT OLIVEN

(für 6 Personen)

4 große Zucchini	15 g Butterschmalz
6 EL Olivenöl	3–4 EL trockener Sherry
2 Tomaten	Meersalz, Pfeffer aus der Mühle
75 g schwarze Oliven	2 Zweige Oregano
300 g Kalbfleisch (aus der Keule)	2 Eier
5 mittelgroße Schalotten	30 g Parmesan

Zucchini putzen, waschen und längs in 4 mm dicke Scheiben schneiden. Portionsweise in 4 EL heißem Olivenöl ca. 3 Minuten weich dünsten, so dass sie biegsam werden, aber nicht zerfallen.
Backofen auf 180 °C (Gas Stufe 2) vorheizen. Tomaten mit kochendem Wasser überbrühen, häuten,
vierteln, entkernen und klein schneiden. Oliven entsteinen und grob würfelig schneiden. Kalbfleisch
von Sehnen befreien und sehr fein würfeln (man kann das Fleisch auch durch den Wolf drehen oder
Kalbshack kaufen). Schalotten abziehen, ebenfalls fein würfeln und in heißem Butterschmalz anbraten. Das Kalbfleisch dazugeben und 10–15 Minuten durchschmoren lassen. Tomaten und Oliven
hinzufügen, mit Sherry ablöschen, salzen und pfeffern. Abgezupfte Oreganoblättchen hinzugeben.
Masse in eine Schüssel umfüllen, Eier unterrühren.
Zucchinischeiben mit der abgekühlten Masse bestreichen, aufrollen. Mit der Nahtstelle nach unten
auf ein Ofenblech legen, mit dem restlichen Olivenöl einpinseln und gehobelten Parmesan drüberstreuen. Im Ofen 7–10 Minuten goldbraun überbacken.
Schmeckt kalt und warm!

 Oliven lassen sich leicht mit einem Kirschentkerner entsteinen.
Man kann statt Parmesan auch gehobelte Mandeln oder Pinienkerne drüberstreuen.

GEBACKENE ROTE UND GELBE PAPRIKA MIT SARDELLENPASTE

(für 4 Personen)
je 1 große rote und gelbe Paprika
Olivenöl für das Blech
ca. 10 eingelegte Sardellenfilets
100 g Butter
2 EL Schlagsahne
Pfeffer aus der Mühle
1–2 Zweige Salbei (ca. 10–12 kleine Blätter)

Backofen auf 190 °C (Gas Stufe 3) vorheizen.

Die Paprika achteln, entkernen, waschen und auf ein geöltes Blech legen. Sardellen abspülen, trockentupfen, fein hacken. Mit weicher Butter und Sahne mischen, pfeffern. Je einen knappen TL der Masse in ein Paprikaachtel streichen. Mit fein gehacktem Salbei bestreuen und im Ofen ca. 20 Minuten backen.

 Das ist eine schöne würzige Vorspeise. Dazu passt kräftiges Brot.

GEFÜLLTE DATTELN IN WEINTEIG

(für 4 Personen)

100 g Pecorino oder würziger Schafskäse (auch Blauschimmelkäse schmeckt gut)

12 große getrocknete Datteln

100 g Mehl

1 Ei

1/8 l trockener Weißwein

Meersalz, Pfeffer aus der Mühle, Cayennepfeffer

ca. 750 g Butterschmalz oder 3/4 l Pflanzenöl

Käse entrinden und in 16 gleich große längliche Stücke schneiden. Datteln entkernen und statt des Kerns je ein Stück Käse in die Mitte geben.

Mehl in eine Schüssel sieben. Ei trennen. Eigelb und Wein unter ständigem Rühren hinzugießen, bis ein dickflüssiger Teig entsteht. Mit Salz, Pfeffer und Cayennepfeffer kräftig würzen. Eiweiß steif schlagen, unterheben.

Gefüllte Datteln in den Teig tauchen und in heißem Butterschmalz oder Öl schwimmend ausbacken. Mit einer Schaumkelle herausnehmen und auf Küchenpapier gut abtropfen lassen.

 Auf Sardinien habe ich oft auch den bitteren sardischen Honig drübergeträufelt – das ist ein ganz besonderer Genuss!

TEIGTASCHEN MIT SCHAFSKÄSE

von Melanie

(für ca. 12 Stück)

Für den Teig:	Für die Füllung:
1/2 Würfel Hefe (oder 1 Päckchen Trockenhefe)	125 g Schafskäse
175 ml Milch	1 Bund Petersilie
1 Prise Zucker	1–2 EL Öl
1/2 TL Meersalz	
7 EL Öl	
1 Eiweiß	
350 g Mehl	

Zerbröckelte Hefe in lauwarmer Milch auflösen, mit 1 Prise Zucker und 50 g Mehl verrühren. Den Vorteig etwas gehen lassen (ca. 15 Minuten). Mit den übrigen Teigzutaten zu einem glatten Teig verkneten, dabei so viel Mehl hinzugeben, bis der Teig so weich ist wie ein Ohrläppchen. Abgedeckt an einem warmen Ort ca. 45 Minuten gehen lassen.

Käse zerbröseln. Petersilie abspülen, trockenschütteln, hacken. Beides mit dem Öl verrühren.

Backofen auf 190 °C (Gas Stufe 3) vorheizen.

Teig nochmals durchkneten und in 12 Portionen teilen. Jede Portion flach drücken und etwas Füllung draufgeben. Teig drüber zusammenklappen, Ränder festdrücken. Im Ofen ca. 18 Minuten backen.

Man kann die Taschen auch portionsweise schwimmend in Fett ausbacken – dann gut auf einem Küchenpapier abtropfen lassen!

 Hefe braucht immer etwas Zucker und Wärme, um zum Leben erweckt zu werden. Teig beim Anrühren aber nie zu heiß werden lassen, sonst stirbt die Hefe ab. Steht der Teig zu kalt und zugig, geht er auch nicht auf.

OLIVENKUCHEN

(für ca. 20 Sohoibon)

200 g geräucherter Schinken	100 ml Olivenöl
150 g Manchego Semi Curado	100 ml Weißwein
550 g Mehl	100 ml weißer Vermouth
Mehl für die Arbeitsfläche	je 80 g grüne und schwarze Oliven
1 Päckchen Trockenhefe	ohne Kern, halbieren
4 Eier	Fett für die Form
Meersalz, Pfeffer aus der Mühle	

Den Schinken würfeln und den Käse reiben. Das Mehl mit Trockenhefe mischen. Mit Eiern, Salz und Pfeffer verrühren, Öl, Wein und Vermouth langsam dazurühren. Abgetropfte Oliven, Schinken und Käse untermischen. Zugedeckt an einem warmen Ort ca. 45 Minuten gehen lassen.

Backofen auf 200 °C (Gas Stufe 3) vorheizen. Den Teig nochmals durchkneten, in eine große gefettete Kastenform füllen und ca. 50 Minuten backen. Auskühlen lassen.

 Das frische Brot ist eine köstliche Vorspeise oder eine herrliche Nachmittagsjause zu einem Glas Wein. Und sehr fürs Picknick geeignet!

MARINIERTE CHAMPIGNONS

(für 6 Personen)

1 kg Champignons

1/2 l Essig

Meersalz

2 Knoblauchzehen

5–6 EL kaltgepresstes Olivenöl (oder Sonnenblumenöl)

Pfeffer aus der Mühle

1 Bund Petersilie

Champignons putzen. Essig mit 1/2 l Salzwasser zum Kochen bringen, die Pilze hinzugeben und ca. 2 Minuten kochen lassen. In ein Sieb gießen, die Pilze mit einem Tuch abdecken und einem Stein o. Ä. beschweren, so dass das ganze Wasser wieder rausgedrückt wird.

Knoblauch abziehen, fein hacken. Mit Öl, Salz, Pfeffer, gehackter Petersilie und den Pilzen mischen.

 Kann man auch 1–2 Tage vorher machen und im Kühlschrank aufheben, z. B. in einem Schraubglas.

PANIERTE SHRIMPS MIT AIOLI

(für 4 Personen)
300 g Shrimps (tiefgekühlt)

Für die Aioli:
1/8 l Olivenöl
3 Knoblauchzehen
1 Eigelb
Saft von 1 Zitrone
Meersalz, Pfeffer aus der Mühle

Für die panierten Shrimps:
1 Ei
1 EL Milch
75 g Paniermehl
50 g Kokosflocken
100 g Mehl
ca. 1 l Pflanzenöl (am besten eignet sich
   Rapsöl) zum Frittieren
4 kleine Zweige Rosmarin

Shrimps auftauen lassen.

Für die Aioli Knoblauchzehen abziehen und durch die Presse drücken. Mit dem Eigelb, Zitronen-saft, Salz und Pfeffer mischen. Dann das Olivenöl langsam und unter ständigem Rühren mit einem Schneebesen in die Masse einrühren. So lange rühren, bis eine dickcremige Konsistenz entsteht. Dann noch einmal mit Salz und Pfeffer abschmecken.

Shrimps evtl. entdarmen, abspülen und gut trockentupfen. Ei und Milch verquirlen. Paniermehl und Kokosflocken mischen. Shrimps erst im Mehl, dann im Ei-Milch-Gemisch und zum Schluss in der Kokosflockenmischung wenden. Im heißen Öl portionsweise goldbraun ausbacken. Achtung: Nicht zu lange backen, sonst werden die kleinen Shrimps schnell hart!

Aioli in vier kleine Schälchen füllen. Je eine Portion Shrimps und ein Aiolischüsselchen auf einem Teller anrichten und mit einem frischen Rosmarinzweig garnieren.

 Ich »verdünne« meine Aioli oft mit saurer Sahne – dann wird sie leichter.
Prinzipiell würde zu den Shrimps ein leichter Weißwein passen. Aber der Knoblauchdip würde den Ge-schmack dieses Weins zu sehr unterdrücken. Deshalb eignet sich ein kräftiger, würziger Riesling besser.

EINGELEGTE OLIVEN

(für 4 Personen)

200 ml kaltgepresstes Olivenöl

Meersalz, Pfeffer aus der Mühle

1–1 1/2 TL Honig

2–3 kleine Chilischoten

3–4 Knoblauchzehen

1/2 Bio-Orange

3 Lorbeerblätter

2–3 Zweige frischer Rosmarin

400 g »billige« Oliven in Salzwasser (mit Kern)

Olivenöl mit Salz, Pfeffer und Honig verrühren. Chilis entkernen, waschen, trockentupfen. Knoblauchzehen abziehen, halbieren und ggf. den grünen Kern entfernen. Orange abwaschen, trockenreiben, von der benötigten Hälfte die Schale sehr dünn abschälen und in feine Streifen schneiden. Alles mit Lorbeerblättern und Rosmarin zum Öl geben.

Abgetropfte Oliven trockentupfen und anritzen. Mit Öl und den Gewürzen mischen. In eine verschließbare Schale füllen und 4 Tage im Kühlschrank durchziehen lassen.

 Grüne Oliven haben 2/3 weniger Fett als reife schwarze. Oft sind schwarze Oliven gefärbt. Das erkennt man an der Zutatenliste – dort steht dann »gefärbt mit Eisengluconat« – und am weißen Olivenkern. Richtige reife schwarze Oliven haben auch einen schwarzen Kern.

KOHLRABI-CARPACCIO

von Jürgen Fingerle und Albert Wiederspiel

(für 4 Personen)
1 Kohlrabi
5 EL Olivenöl
Meersalz, Pfeffer aus der Mühle
50 g Parmesan
50 g Parmaschinken
4–5 EL Zitronensaft
2–3 Zweige Pfefferminze

Kohlrabi schälen und in hauchdünne Scheiben schneiden (am besten mit einer Aufschnittmaschine). Fächerförmig auf eine Platte legen, mit Olivenöl beträufeln, salzen und pfeffern. Parmesan grob raspeln, Parmaschinken in kleine Stücke zupfen und beides drüberstreuen. Mit Zitronensaft beträufeln und mit gehackter Pfefferminze bestreuen.

 Die jungen frischen Kohlrabiblätter kann man sehr gut unter einen Salat mischen. Ich dünste oder blanchiere sie auch oft und verwende sie wie Spinat oder mische sie damit.

MARINIERTE AUBERGINEN

(für 4 Personen)
2–3 Knoblauchzehen
ca. 100 ml Olivenöl
Meersalz
2 Auberginen

Backofen auf 180 °C (Gas Stufe 2) vorheizen.
Knoblauch abziehen, fein hacken. Mit Öl und Salz mischen. Auberginen putzen, waschen und in ca.
1 cm dicke Scheiben schneiden. Auf ein Blech legen und mit dem Öl reichlich einpinseln. Im Ofen
ca. 20 Minuten braten, bis die Scheiben goldbraun sind.

 Anstatt Auberginen kann man genauso gut Zucchini verwenden. Falls man keinen Ofen hat, kann man
sie auch in einer Pfanne braten.

GEFÜLLTE SARDINEN

(für 4 Personen)

400 g Sardinen

Für die Füllung:
1 Knoblauchzehe
2 EL Pinienkerne
3 Zweige frischer Estragon

1/2 Bund Thymian
4 EL Ricotta
Meersalz, Pfeffer aus der Mühle
1 Prise gemahlener Chili
3 EL Olivenöl

Backofen auf 200 °C (Gas Stufe 3) vorheizen.

Den Kopf der Sardinen abtrennen. Fische ausnehmen und so entgräten, dass sie am Rücken noch zusammenhängen. Abspülen, trockentupfen.

Knoblauch abziehen. Ebenso wie die Pinienkerne und den Estragon fein hacken. Thymianblättchen abzupfen und alles mit Ricotta, Salz, Pfeffer und Chili mischen. Masse in die Sardinen streichen, zusammenklappen.

2 EL Öl in eine feuerfeste Form geben, Fische hineinlegen. Mit restlichem Olivenöl beträufeln, salzen und im Ofen 10–15 Minuten backen.

RÖLLCHEN VON SEEZUNGE

(für 4 Personen)

1 Zucchini

Meersalz

4 Anchovisfilets

600 g Seezungenfilet

200 g Krabbenfleisch (Gamberetti)

Pfeffer aus der Mühle

1 Zwiebel

45 g Butter

1/2 Bund Thymian oder frische Bergminze

100 ml Weißwein

evtl. ca. 30 g Mehl und 1/2–1 EL Butter

Zucchini putzen, waschen und in kochendem Salzwasser 4 Minuten garen. Abtropfen lassen, dann in Würfel schneiden.

Anchovis und Seezungenfilets abspülen, trockentupfen. Gamberetti und Anchovis auf den Seezungenfilets verteilen und mit ganz wenig Salz und Pfeffer würzen. Aufrollen und mit einem Zahnstocher feststecken.

Zwiebel abziehen, klein schneiden und in heißer Butter ca. 2 Minuten bräunen lassen. Dann die Röllchen dazugeben, 5 Minuten braten. Sie sollten rundum gleichmäßig gebräunt werden. Abgezupfte Thymianblättchen oder gehackte Minze und Wein hinzufügen und ca. 1 Minute einkochen lassen. Falls die Sauce zu flüssig ist, kann man sie mit etwas Mehl binden. Dazu das Mehl mit wenig Butter verkneten und mit einem kleinen Schneebesen in die Sauce rühren.

Röllchen herausnehmen und warm stellen. Zucchini in der Sauce vom Fisch einige Minuten ziehen lassen. Die Fischröllchen damit dekorieren.

SAUBOHNEN MIT SPECK UND MINZE

(für 4–6 Personen)

1 kg kleine Saubohnenkerne (dicke Bohnen), frisch oder tiefgekühlt
   (ersatzweise 500 g getrocknete Saubohnen)

Meersalz

3 Knoblauchzehen

100 g Bauchspeck

1 Zweig Minze

4 EL Olivenöl

Pfeffer aus der Mühle

Frische oder tiefgekühlte Bohnenkerne in kochendem Salzwasser blanchieren, abgießen, kalt abschrecken und aus den Hülsen drücken (getrocknete Bohnen über Nacht in reichlich Wasser einweichen). Knoblauch abziehen, fein hacken. Speck würfeln. Alles mit gehackter Minze und den übrigen Zutaten in einen Topf geben (ein Tontopf, den man vorher 2 Stunden in Wasser eingeweicht hat, ist noch besser) und knapp mit kaltem Wasser bedecken. Aufkochen und bei kleiner Hitze je nach Frische und Größe der Bohnen 10–20 Minuten köcheln, bis sich die Bohnen spalten.
Wenn Sie einen Tontopf verwenden: In den kalten Backofen stellen, auf 220 °C aufheizen (Gas langsam auf Stufe 3 hochschalten) und ca. 15–20 Minuten garen.

Bohnen enthalten viele Proteine. Man sollte sie nicht roh essen, da sie Phasin enthalten (eine Stickstoffverbindung, die Aminosäuren blockiert). Phasin wird beim Garen zerstört. Man sollte sie jedoch nicht kochen, sondern nur blanchieren. Blanchieren heißt, Gemüse oder Obst kurz in Salzwasser zu kochen, z. B. um das Lebensmittel bekömmlicher zu machen, von unangenehmen Geschmacksstoffen zu befreien, zu säubern oder um Häute besser entfernen zu können (z. B. bei Nüssen, Tomaten, Pfirsichen).

RIESENGARNELEN AUF MANGO-SESAM-SALSA

(für 4 Personen)
6 Riesengarnelen, roh mit Schale
1 EL Öl
Meersalz, Pfeffer aus der Mühle

Für die Mango-Sesam-Salsa:
1 vollreife Mango
einige Chilifäden
1 TL Zitronensaft
20 g schwarzer Sesam

Evtl. zum Garnieren:
2–3 Zweige Koriander

Die Riesengarnelen schälen, den Darm entfernen, abspülen und trockentupfen. In heißem Öl rundum 2–3 Minuten scharf anbraten. Mit Salz und Pfeffer würzen. Abkühlen lassen.
Die Mango schälen, in feine Würfel schneiden. Das Fruchtfleisch direkt am Kern abschaben, pürieren und mit Chili und Zitronensaft abschmecken. Die Mangowürfel und den Sesam dazugeben.
Jeweils etwas Salsa auf 12 Löffel geben. Die Riesengarnelen der Länge nach halbieren, draufsetzen und mit Chilifäden und Korianderblättern garnieren.

 Chilifäden sind mäßig scharfe Chilis, die entkernt und fein geschnitten schonend getrocknet wurden. So lässt sich Chili besser dosieren. Die Fäden frühzeitig zum Gericht geben, damit sie wieder Wasser aufnehmen können.

TEIGTASCHEN MIT HACKFÜLLUNG

von Patrick Becker, Chefkoch im Restaurant »Das Speisezimmer«

(für 8–10 Stück)

Für den Teig:	Für die Füllung:
250 g Quark	1/2 Zwiebel
50 g Butter	2 Knoblauchzehen
1 Ei	3–4 EL Olivenöl
260 g Weizenmehl	1 kg Hackfleisch (1/2 Rind, 1/2 Schwein)
Meersalz, Muskatnuss	1 Tomate
	50 g Schafskäse
Außerdem:	1/2 Bund Minze
Mehl für die Arbeitsfläche	Meersalz, Pfeffer aus der Mühle
1 Eigelb	

Quark in einem Küchentuch ausdrücken. Mit weicher Butter und den übrigen Teigzutaten verkneten. Im Kühlschrank ca. 30 Minuten abgedeckt ruhen lassen.

Zwiebel und Knoblauch abziehen, klein würfeln und in heißem Olivenöl anschwitzen. Hackfleisch hinzufügen und anbraten. Tomate mit kochendem Wasser überbrühen, häuten, entkernen und in kleine Würfel schneiden. Schafskäse zerbröckeln. Alles mit gehackter Minze mischen und mit Salz und Pfeffer abschmecken.

Backofen auf 170 °C (Gas Stufe 2) vorheizen.

Teig auf einer bemehlten Arbeitsfläche dünn ausrollen und Kreise (Ø ca. 8 cm) ausstechen. Mit verquirltem Eigelb einpinseln und je 1 EL Füllung draufgeben. Teig drüberklappen, so dass Halbkreise entstehen. Rand festdrücken. Oberfläche mit Eigelb bepinseln und im Ofen ca. 15 Minuten backen.

 Passt hervorragend zu einem sommerlichen Salat.

Die Teigtaschen sind auch sehr köstlich, wenn Lammhack für die Füllung verwendet wird. Wer's orientalisch mag, gibt noch Rosinen dazu und etwas Kreuzkümmel, Zimt und Kurkuma. (Vorsichtig würzen.)

TUNFISCH-ECKEN

(für ca. 12 Stück)

6 Scheiben Blätterteig (450 g, tiefgekühlt)	1 Ei
3 EL Butterschmalz	Meersalz, Pfeffer aus der Mühle,
2 gestrichene EL Mehl	Cayennepfeffer
200 ml Milch	6 Lauchzwiebeln
6 große schwarze Oliven	1 EL Paniermehl
1 Glas Sardellenfilets (Abtropfgewicht 40 g)	Mehl für die Arbeitsfläche
2 Dosen Tunfisch im eigenen Saft	Fett für das Blech
(à 150 g Abtropfgewicht)	1 Eigelb
1 EL Kapern	

Blätterteig auftauen.

2 EL Butterschmalz zerlassen, das Mehl darin anschwitzen. Milch unter ständigem Rühren angießen und bei geringer Hitze weiterrühren, bis eine sehr dicke Béchamelmasse entstanden ist. Vom Herd nehmen und kühl stellen.

Backofen auf 200 °C (Gas Stufe 3) vorheizen.

Die Oliven entkernen, grob hacken. Sardellen abspülen, trockentupfen, klein hacken und beides im restlichen heißen Butterschmalz anbraten. Abgetropften Tunfisch, wenn nötig, zerkleinern und samt den Kapern zur Sardellen-Oliven-Mischung geben. Ei und Tunfischmasse mit der etwas abgekühlten Béchamelsauce verrühren, mit Salz, Pfeffer und Cayenne abschmecken. Lauchzwiebeln putzen, waschen, in Ringe schneiden und mit dem Paniermehl unter die Tunfischmasse rühren.

Je 3 Scheiben Blätterteig übereinander legen und auf einer bemehlten Arbeitsfläche jeweils dünn zu einem Rechteck (30 x 35 cm) ausrollen. Eine Platte auf ein gefettetes Blech legen, die Tunfischmasse draufstreichen, dabei an allen Seiten einen kleinen Rand frei lassen. Mit der anderen Blätterteigplatte zudecken. Die Ränder andrücken und alles mit verquirltem Eigelb bestreichen. Im Backofen auf der mittleren Schiene ca. 25 Minuten backen.

Lauwarm in Ecken schneiden.

TOMATEN-MOZZARELLA-SPIESSE

(für 4 Personen)

20 Mozzarellakugeln (ca. 160 g)

2 TL Pesto à la Genovese

20 rote Cherrytomaten (ca. 250 g)

20 Basilikumblätter

Meersalz, Pfeffer aus der Mühle

1–2 EL Olivenöl

Für das Pesto:

2 Bund Basilikum

3 EL Pinienkerne und Walnüsse gemischt

2 Knoblauchzehen

80 g frisch geriebener Parmesan

4 EL gutes kaltgepresstes Olivenöl

evtl. Meersalz zum Nachwürzen

1 Spritzer Limetten- oder Zitronensaft

Die abgetropften Mozzarellakugeln mit Pesto bestreichen und auf je einen Cocktailspieß stecken. Cherrytomaten mit kochendem Wasser übergießen, kalt abschrecken und häuten. Mit je einem Basilikumblatt umhüllen und dazuspießen. Die fertigen Spieße mit Salz und Pfeffer würzen und mit Olivenöl bestreichen.

Für das Pesto alle Zutaten in einem Mixer fein pürieren. Evtl. mit heißem Wasser oder Gemüsesud verlängern. – Dieses Pesto passt auch hervorragend zu Nudeln.

 Wer keine Mozzarellakugeln bekommt, nimmt ein großes Stück Mozzarella und schneidet es in möglichst gleich große Würfel.

ARTISCHOCKENCREME

(für 4 Personen)

10–12 Artischocken (die kleinen!)	Für die Béchamelsauce:
Saft von 1/2 Zitrone	15 g Butter
2 Schalotten	100 ml Milch
2–3 Knoblauchzehen	1 EL Mehl
3 EL Olivenöl	1 Prise Meersalz
100 ml Weißwein	
Meersalz, Pfeffer aus der Mühle	

Einen Großteil der Artischockenblätter entfernen. Stiele und Böden dünn abschälen. Artischocken klein schneiden, dabei ggf. das Heu entfernen. Artischocken mit Zitronensaft beträufeln. Schalotten und Knoblauch abziehen, beides fein würfeln und in heißem Olivenöl anrösten, die vorbereiteten Artischocken hinzugeben. Weißwein angießen, salzen, pfeffern und alles zugedeckt bei kleiner Hitze ca. 20 Minuten weich dünsten.

Für die Béchamelsauce die Butter schmelzen und mit der Milch aufgießen. Diese Masse zum Kochen bringen und das Mehl mit einem Schneebesen einrühren. Mit Salz abschmecken.

Einen Teil der Artischocken pürieren und mit 2 EL der warmen Béchamelsauce mischen, restliche Artischocken drunterrühren.

 Sehr junge und kleine Artischocken schmecken köstlich, wenn man sie in Gemüse- oder Hühnerbrühe kocht (15–20 Minuten). Man kann sie gut einige Wochen in Pflanzenöl konservieren: Schraubdeckelglas kurz auskochen, Artischocken einfüllen und ganz mit Öl bedecken.

PILZCREME

(für 4 Personen)
20 g getrocknete Morcheln

Für die Béchamelsauce:
15 g Butter
100 ml Milch
1 EL Mehl
1 Prise Meersalz
1 Prise Muskatnuss (gemahlen)

Für die Pilzcreme:
100 g Austernpilze
3 EL Oliven- oder Distelöl
2 Schalotten
2 Knoblauchzehen
Meersalz, Cayennepfeffer
1 EL Zitronensaft

Morcheln in heißem Wasser ca. 1 Stunde einweichen.

Für die Béchamelsauce die Butter schmelzen und mit der Milch aufgießen. Diese Masse zum Kochen bringen und das Mehl mit einem Schneebesen einrühren. Mit Salz und Muskatnuss abschmecken. Die Austernpilze putzen und klein schneiden. Morcheln abgießen, gründlich waschen und ebenfalls klein schneiden. Pilze in 2 EL heißem Öl andünsten. Schalotten und Knoblauch abziehen, fein hacken und im restlichen heißen Öl anrösten. Mit den Pilzen und 2 EL der Béchamelsauce vermischen, mit Salz, Cayenne und Zitronensaft abschmecken.

 Als Brotaufstrich schmeckt die Pilzcreme hervorragend, aber der Serviettenknödel ist als Begleitung wohl eher der Klassiker. Man kann natürlich auch andere Pilze nehmen, z. B. getrocknete Steinpilze.

ZIEGENKÄSE IM GEGRILLTEN ZUCCHINIBLATT

(für 4–6 Personen)
1 1/2 Blätter Gelatine
2 mittelgroße grüne Zucchini
300 g Ziegenweichkäse
Meersalz, Pfeffer aus der Mühle
1 Bund Thymian

Gelatine ca. 5 Minuten in kaltem Wasser einweichen. Die Zucchini putzen, waschen und längs in dünne, gerade Scheiben schneiden. Auf ein mit Backpapier ausgelegtes Blech legen und von einer Seite kurz angrillen.

Den Ziegenkäse mit Salz, Pfeffer und abgezupften Thymianblättchen gründlich glatt rühren. Gelatine tropfnass bei kleiner Hitze auflösen und vorsichtig mit dem Käse verrühren. Die Masse in einen Spritzbeutel füllen. Danach 6–8 gegrillte Zucchinischeiben mit den Längsseiten überlappend nebeneinander auf Klarsichtfolie ausbreiten. Mit Salz und Pfeffer würzen. Je einen Streifen Käsemasse auf das untere Ende der Zucchinischeiben spritzen. Die Zucchinischeiben mit Hilfe der Klarsichtfolie einrollen, bis der Ziegenkäse vollständig umhüllt ist. Das fertige Stück Zucchinirolle abschneiden und den Vorgang mit den übrigen Zutaten wiederholen.

Rollen im Kühlschrank fest werden lassen.

 Aufpassen, dass das Backpapier nicht an die Grillschlange kommt – es kann sonst Feuer fangen!

LAUCHCREME

(für 4 Personen)
300 g Kartoffeln
Meersalz
1 1/2 Stangen Lauch
2 Schalotten
2 EL Butter
1 Bund Basilikum

Kartoffeln schälen, waschen, klein schneiden und in kochendem Salzwasser 20–25 Minuten garen. Lauch putzen und waschen, Schalotten abziehen. Beides klein schneiden und in heißer Butter 10–15 Minuten dünsten. Kartoffeln abgießen, die Hälfte des gedünsteten Lauchs sowie abgezupfte Basilikumblätter dazugeben. Alles pürieren, dann den restlichen Lauch unterrühren.

 Wenn man die Creme noch mit Gemüsebrühe verlängert, hat man ein feines Süppchen.

SPARGEL-EIER-CREME

(für 4 Personen)
500 g grüner Spargel
Meersalz, 1 Prise Zucker
4 Eier
1 Bund Schnittlauch
3 EL Mayonnaise

Spargel im unteren Teil schälen, in Stücke schneiden und in kochendem Salzwasser mit Zucker 4–5 Minuten garen. Eier ca. 8 Minuten hart kochen, kalt abschrecken, pellen und klein schneiden. Schnittlauch in Röllchen schneiden. Beides mit dem abgetropften Spargel und einer sehr dicken, kräftig gerührten Mayonnaise vermischen.

 Die Mengenverhältnisse kann man je nach Geschmack variieren. Man kann mehr Spargel nehmen oder mehr Ei, wie es beliebt. Weißer Spargel ist die klassische Variante. Die Mayonnaise ist die Bindung. Da mir Mayonnaise aber oft zu fett ist, ersetze ich einen Teil durch saure Sahne. Ich schneide auch gern dünn geschnittenen guten gekochten Hinterschinken in Streifen und hebe diesen drunter.

SPALTERBSENPÜREE

(für 4 Personen)
100 g Spalterbsen (gelbe)
ca. 150 ml Gemüse- oder Fleischbrühe
2 Knoblauchzehen
1–2 EL Zitronensaft
Meersalz, Cayennepfeffer
2–3 EL Olivenöl

Die Erbsen über Nacht in reichlich Wasser einweichen. Am nächsten Tag das Wasser wechseln und die Erbsen 20–30 Minuten weich kochen, abgießen und auskühlen lassen.
Mit Brühe pürieren, dabei je nach gewünschter Konsistenz etwas mehr oder weniger Brühe hinzugeben. Knoblauch abziehen, dazupressen. Mit Zitronensaft, Salz, Cayenne und Olivenöl abschmecken.

 Das Püree ist ein toller Brotaufstrich. Ich nehme die heiße Creme aber auch manchmal als Pastasauce und verlängere sie je nach Bedarf mit mehr Brühe.

RÄUCHERFORELLENMOUSSE

(für 4 Personen)

2 Blatt Gelatine

3 Schalotten

300 g geräuchertes Forellenfilet

2 EL Butter

100 ml Weißwein

300 ml Schlagsahne

Meersalz, Pfeffer aus der Mühle

2 EL Pernot

Gelatine ca. 5 Minuten in kaltem Wasser einweichen. Schalotten abziehen, würfeln. Geräucherte Forelle in gleichmäßige Stücke schneiden. Beides in heißer Butter anschwitzen, mit Weißwein ablöschen und mit 150 ml Sahne aufgießen. Aufkochen, dann pürieren und mit Salz, Pfeffer und Pernot würzen. Gelatine tropfnass bei kleiner Hitze auflösen und vorsichtig mit der Fischmasse verrühren. Restliche 150 ml Sahne steif schlagen und erst unterheben, nachdem die Masse kalt ist und zu gelieren beginnt. Nockerln mit 2 Esslöffeln ausstechen. Auf kleinen Tellern anrichten.

 Wem das zu langweilig ist, der kann ein bisschen Estragon oder Kerbel drunterheben. Ein kräftiges Bauernbrot dazu ist köstlich.

SUPPEN

FENCHELSUPPE

(für 4 Personen)

500 g Fenchelknollen

1 Zwiebel

50 g magerer Speck

2 EL Öl

1 EL Tomatenmark

3–4 EL Rotwein

3/4 l Hühnerbrühe

Meersalz, Pfeffer aus der Mühle

1 Bund Petersilie

evtl. ca. 1/8 l Schlagsahne

Fenchelgrün abzupfen und aufheben. Knollen putzen, waschen und in kleine Stücke schneiden. Zwiebel abziehen, Speck und Zwiebel fein würfeln.

Beides in heißem Öl anschwitzen. Den Fenchel dazugeben, 2–3 Minuten mitdünsten. Tomatenmark hinzufügen, mit Rotwein ablöschen und Brühe aufgießen. Aufkochen und zugedeckt bei kleiner Hitze 15–20 Minuten köcheln lassen. Salzen, pfeffern und mit gehacktem Fenchelgrün und Petersilie bestreuen. Man kann auch Thymian, Salbei und/oder Basilikum hinzugeben. Je nach Geschmack, wenn man ein »feineres« Süppchen haben möchte, fügt man zum Schluss noch 1/2 Becher Schlagsahne hinzu.

 Vegetarier lassen den Speck einfach weg und nehmen statt Hühnerbrühe Gemüsebrühe.

MAISCREMESUPPE

(für 4–6 Personen)

500 g Mais (frisch oder getrocknet)

2 kleine Zwiebeln

1 Knoblauchzehe

3 EL Öl

1 EL Currypulver

100 ml Weißwein

1 l Gemüse- oder Hühnerbrühe

4 Zweige frischer Thymian

200 ml Schlagsahne

4 cl Sherry

2 EL Honig

Meersalz, Pfeffer aus der Mühle, Muskat

Falls man getrockneten Mais nimmt, in reichlich Wasser über Nacht einweichen.

Zwiebeln und Knoblauch abziehen, würfeln und in heißem Öl anschwitzen. Den abgetropften Mais dazugeben und mit Currypulver bestäuben. Mit Weißwein ablöschen, mit Brühe auffüllen und aufkochen. Zugedeckt bei mittlerer Hitze mindestens 30 Minuten köcheln lassen. Abgezupfte Thymianblättchen und Sahne hinzugeben, wieder aufkochen. Alles pürieren und mit Sherry, Honig, Salz, Pfeffer und Muskat abschmecken.

 Beim Kochen von Mais 1 Prise Zucker ins Wasser geben und erst später salzen, dann werden die Körner zart.

RADIESCHENSUPPE

(für 4 Personen)

Für den Kalbsfond	Für die Suppe:
(ersatzweise Gemüsebrühe):	3–4 Bund Radieschen (ca. 400 g ohne Grün)
ca. 250 g Kalbssuppenfleisch	2 EL Zitronensaft
ca. 150 g Kalbsknochen	1 Zwiebel
1 Möhre	2 EL Butter
1–2 Zweige Petersilie	3 EL Weißweinessig oder
1/2 Zwiebel	weißer Balsamico-Essig
1 Lorbeerblatt	1/4 l Schlagsahne
1/2 TL Pfefferkörner	evtl. 4–5 EL Rote-Bete-Saft
1/2–1 TL Meersalz	Meersalz, Pfeffer aus der Mühle
	evtl. ein kleines Stück frischer Meerrettich, falls
	die Radieschen nicht scharf genug sind

Für den Kalbsfond Fleisch, Knochen, Möhre und Petersilie waschen. Mit der Zwiebel und den Gewürzen in einen Topf geben und mit gut 1 l kaltem Wasser bedecken und aufkochen. Ca. 3–4 Stunden einkochen lassen, immer wieder etwas heißes Wasser nachgießen. Den Schaum, der entsteht, abschöpfen und weggießen. Den Fond durch ein feines Sieb geben.

Radieschen waschen, putzen, halbieren und mit Zitronensaft beträufeln. Zwiebel abziehen, fein würfeln und in heißer Butter andünsten. Radieschen hinzugeben, mit Essig ablöschen. Ca. 3/4 l Fond und die Sahne angießen, aufkochen. Zugedeckt bei kleiner Hitze 15–20 Minuten garen. Wenn die Radieschen gar sind, sofort pürieren, wegen der Farbe lieber sogar etwas früher. Evtl. mit Rote-Bete-Saft nachhelfen. Mit Salz und Pfeffer abschmecken. Frischen Meerrettich schälen und erst kurz vorm Servieren in den Teller reiben, da er sonst braun wird. Dann die Suppe drübergeben.

 Ich halte Meerrettich schön weiß, indem ich viel Zitronensaft drüberträufle. Man kann ihn auch gut mit ein bisschen geschlagener Sahne mischen. Ein Klecks auf die Suppe – das sieht sehr schön aus.

APFEL-SELLERIE-CREMESUPPE

(für 4–6 Personen)

2 kleine Zwiebeln	200 ml Apfelsaft
1 Sellerieknolle (ca. 600 g)	1 l Gemüse- oder Hühnerbrühe
2 Äpfel, sauer (z. B. Boskop)	1/8 l Schlagsahne
2 EL Butter	Meersalz, Pfeffer aus der Mühle, Muskat
1 TL Zucker	4 cl Curaçao (muss nicht sein – gibt der
4 cl Calvados	Suppe eine leicht bläuliche Färbung –,
100 ml Weißwein	ersatzweise Apfelbrand)

Zwiebeln abziehen, würfeln. Sellerie und Äpfel schälen, Äpfel entkernen, beides grob würfeln. Alles in einem weiten Topf in heißer Butter anschwitzen, Zucker drüberstreuen. Calvados hinzugeben und flambieren. Weißwein, Apfelsaft und Brühe hinzugießen, aufkochen und zugedeckt bei mittlerer Hitze ca. 20 Minuten köcheln, bis der Sellerie weich ist. Dann pürieren, Sahne einrühren, mit Salz, Pfeffer und Muskat abschmecken und den Curaçao hinzufügen, wenn man unbedingt will. Ein Apfelbrand passt auch gut dazu. Ich lasse den Alkohol oft sogar ganz weg.

 Flambieren nennt man das Abflammen einer Speise mit Hochprozentigem, um die Aromastoffe in der Speise zurückzulassen. Der Alkohol verdunstet. Um die Flamme zu ersticken, entzieht man ihr den Sauerstoff, z. B. mit einem Deckel oder einer Glocke.

Apfelsorten kommen überall in der Welt – außer in den Tropen – vor. Unter der Schale liegen die meisten Vitamine. Es lohnt also, Bio-Äpfel zu kaufen und diese nur zu waschen und mit der Schale zu essen. Da schon 2/3 der ursprünglichen Apfelsorten verschwunden sind, freue ich mich über jede Streuobstwiese und jeden Apfel, den ich noch nicht kenne.

MANGO-INGWER-SUPPE

(für 4 Personen)

3 Zwiebeln

1 Knoblauchzehe

1 Stück Ingwerknolle (etwa 20 g)

2 reife Mangos

2 EL Butter

1 Dose Kokosmilch (400 ml)

200 ml Hühnerbrühe

Meersalz, Cayennepfeffer, Safranfäden

100 g Nordseekrabben

einige Kapuzinerkresseblüten

Zwiebeln und Knoblauch abziehen und fein würfeln. Die Ingwerknolle schälen und reiben. Mangos schälen, das Fruchtfleisch vom Kern schneiden und würfeln. Zwiebelwürfel in heißer Butter andünsten. Knoblauch, Ingwer und Mangos hinzugeben und bei kleiner Hitze im geschlossenen Topf 10 Minuten dünsten.

Kokosmilch hinzufügen und alles pürieren. Die Hühnerbrühe hinzugießen und aufkochen. Suppe mit Salz, Cayennepfeffer und Safran abschmecken.

Kurz vor dem Servieren die Krabben hinzugeben. Die Suppe mit wenig Cayennepfeffer bestreuen und mit den Blüten garnieren.

 Für Vegetarier: Gemüsebrühe statt Hühnerbrühe nehmen und die Nordseekrabben weglassen oder durch ein paar gehobelte Mandeln ersetzen.

Das kräftige Gelb der Suppe und die roten und gelben Blüten der Kapuzinerkresse sind nicht nur eine schöne Farbkombination. Kapuzinerkresse schmeckt scharf, ein bisschen nach Rettich und rundet dadurch die cremige Suppe perfekt ab.

SALATE & GEMÜSE

MANGETOUT-BOHNENSALAT

(für 4 Personen)
500 g Mangetout-Bohnen (oder Schlangenbohnen)
Meersalz
250 g Cherrytomaten
2 EL Olivenöl
4 Bio-Eier

Für die Vinaigrette:
2 EL weißer Balsamico-Essig
Meersalz, Pfeffer aus der Mühle
3 EL Olivenöl
1/2 Bund Petersilie

Mangetout-Bohnen abspülen, putzen und in kochendem Salzwasser ca. 3 Minuten garen, bis sie fast weich sind. Abgießen und mit kaltem Wasser abschrecken, um die Farbe zu bewahren.

Cherrytomaten waschen und kurz in 2 EL heißem Öl anschwenken. Zu den Bohnen geben. Eier je nach Größe 5–6 Minuten kochen, kalt abschrecken, pellen und achteln.

Aus Essig, Salz, Pfeffer und Öl eine Sauce rühren. Die Hälfte vorsichtig mit dem Bohnensalat mischen, die Eier drauflegen und mit der übrigen Sauce beträufeln. Grob gehackte Petersilie drüberstreuen.

PAPAYA-AVOCADO-SALAT MIT SERANOSCHINKEN

(für 4 Personen)

1 rote Chilischote

1/2 Bund Basilikum

400 g Cherrytomaten

Saft von 1 Limette

1 EL Olivenöl

Meersalz

1 reife Papaya

1 reife Avocado

ca. 80 g Seranoschinken (luftgetrocknet)

Chilischote entkernen, waschen und hacken. Basilikum waschen, trockenschütteln, Blätter abzupfen und in Streifen schneiden. Cherrytomaten waschen und vierteln. 1/3 davon durch ein Sieb oder eine Flotte Lotte streichen und auffangen. Sauce mit Limettensaft, Olivenöl, Salz, Chili und Basilikum mischen.

Papaya und Avocado halbieren, entkernen und schälen. Das Fruchtfleisch in Würfel schneiden und mit den Tomatenvierteln und der Sauce verrühren. 15 Minuten ziehen lassen.

Den Salat mit Schinkenscheiben auf Tellern oder einer Platte anrichten.

 Avocados müssen dem Daumendruck nachgeben, dann sind sie reif. Nie in den Kühlschrank legen. Unreife Avocados zusammen mit einer Tomate in Zeitungspapier wickeln. Dann reifen sie schneller. Den Kern der Avocado im Salat lassen. Er verzögert die schnelle Verfärbung.

AUBERGINEN-PAPRIKA-SALAT MIT ROSINEN

(für 4 Personen)

2 Auberginen (ca. 600 g)	1–2 EL Mehl
Meersalz	2 EL Tomatenmark
2 EL Rosinen (oder auch Kapern)	100 ml Weißwein
2 gelbe Paprika	Pfeffer aus der Mühle
4 Tomaten (ca. 300 g)	1 TL Zitronensaft
2 Knoblauchzehen	1 Bund frische Pfefferminze
2 Sardellenfilets	evtl. saure Sahne
7 EL Olivenöl oder gutes Pflanzenöl (z. B. Rapsöl)	1 Fladenbrot

Die Auberginen putzen, waschen und in 1,5 cm große Würfel schneiden. In ein Sieb geben, salzen und ca. 30 Minuten Wasser ziehen lassen (das entfernt die Bitterstoffe). Rosinen in warmem Wasser einweichen.

Die Paprika putzen, waschen und in 2 cm große Würfel schneiden. Die Tomaten waschen, ebenfalls würfeln. Knoblauch abziehen. Sardellenfilets abspülen, trockentupfen und beides fein hacken. Danach die Auberginen trockentupfen, mit Mehl bestäuben und in 5 EL heißem Öl ca. 4 Minuten goldbraun schmoren. Zum Entfetten auf ein Küchenpapier geben.

Die Pfanne säubern und das restliche Öl darin erhitzen. Knoblauch und Sardellenfilets andünsten, bis sich die Sardellen aufgelöst haben. Tomatenmark und Wein verrühren, mit der Paprika dazugeben. Bei mittlerer Hitze ca. 2 Minuten schmoren. Die Tomaten und abgetropften Rosinen hinzufügen und weitere 2 Minuten bei kleiner Hitze garen. Alles in eine Schüssel geben und die Auberginen hinzufügen. Mit Salz, Pfeffer und Zitronensaft abschmecken. Die Pfefferminze grob zupfen und vorsichtig unterheben.

Je nach Belieben den Salat mit saurer Sahne verzieren und als Vorspeise mit Fladenbrot servieren. Kann man auch sehr schön warm als Beilage zu Fisch essen.

 Die Minze vorher probieren, da sie sehr unterschiedlich stark im Aroma sein kann.

FELDSALAT MIT GEBACKENEM RADICCHIO UND ENTENBRUST

von Markus Thyssen (Chefkoch im Restaurant »Sarah Wiener« in der Akademie der Künste)

(für 4 Personen)

350 g Feldsalat

2 Kartoffeln

1 Radicchio

Meersalz

2 Entenbrustfilets (à ca. 400 g)

Pfeffer aus der Mühle

1 TL Honig

Für das Dressing:

2 Schalotten

50 ml Olivenöl

1 EL Senf

50 ml Weißweinessig

1 1/2 EL Himbeeressig

100 ml Pflanzenöl

frisch geriebene Muskatnuss

Für den gebackenen Radicchio:

4 EL Mehl

2 Eier

100 g Paniermehl

ca. 3/4 l Pflanzenfett zum Frittieren

Feldsalat putzen, gründlich waschen und trockenschleudern.

Backofen auf 190 °C (Gas Stufe 3) vorheizen.

Kartoffeln ca. 25 Minuten garen.

Radicchio putzen, vierteln und den Strunk entfernen. Viertel ca. 10 Minuten in lauwarmes, gesalzenes Wasser legen.

Die Hautseite der Entenbrust mit einem scharfen Messer rautenförmig einschneiden. Fleisch von beiden Seiten mit Salz und Pfeffer würzen. In einer heißen Pfanne ohne Fett mit der Hautseite zuerst anbraten. Im Ofen 10 Minuten weiterbraten, dabei nach der Hälfte der Garzeit die Hautseite mit Honig einstreichen.

Schalotten abziehen, fein würfeln und in heißem Olivenöl anschwitzen. Mit Senf und Essig verrühren und langsam das Pflanzenöl hinzugeben. Die Kartoffeln abgießen, pellen und durch eine Presse drücken. Mit dem Dressing vermischen und mit Salz, Pfeffer und Muskat abschmecken.

Fleisch aus dem Ofen nehmen und ca. 5 Minuten abgedeckt ruhen lassen.

Radicchio trockenschütteln, salzen, pfeffern und erst in Mehl, dann in verquirltem Ei und zum Schluss in Paniermehl wenden. In heißem Fett goldgelb ausbacken.

Entenbrust in feine Scheiben schneiden, mit dem gebackenen Radicchio auf dem Feldsalat anrichten, lauwarmes Kartoffeldressing dazureichen.

AVOCADO-GARNELEN-SALAT

(für 4 Personen)

1 Chili

2 reife weiche Avocados

Saft von 1 Limette

1 kleines Bund frische Minze

Meersalz, Pfeffer aus der Mühle

2 Knoblauchzehen

8 geschälte rohe Garnelen

4 EL Olivenöl

Chili entkernen, waschen, fein schneiden. Avocados halbieren, entsteinen, schälen und in Scheiben schneiden. Mit Limettensaft, Chili und abgezupften Minzeblättchen mischen. Mit Salz und Pfeffer würzen.

Knoblauch abziehen, hacken. Garnelen abspülen, trockentupfen und mit dem Knoblauch im heißen Öl 2–3 Minuten braten. Zu den Avocados geben. Mit geröstetem Weißbrot servieren.

 Avocados sind reich an ungesättigten Fettsäuren – gut bei hohen Cholesterinwerten. Avocados immer bei Zimmertemperatur nachreifen lassen. Wenn die Frucht unter leichtem Daumendruck etwas nachgibt, ist sie reif.

GESCHMORTER FENCHELSALAT MIT TOMATEN UND GERÄUCHERTEM SCHINKEN

(für 4 Personen)

4 Tomaten

4 Fenchelknollen

3 EL Zitronensaft

3 Schalotten

2 Knoblauchzehen

3 EL Olivenöl

100 ml Weißwein

Meersalz, Pfeffer aus der Mühle, Cayennepfeffer

2 Zweige Salbei

75 g geräucherter Schinken

50 g kleine schwarze Oliven mit Kern

Tomaten waschen, entkernen und in Streifen schneiden. Fenchel putzen, waschen, in dünne Scheiben schneiden und mit 2 EL Zitronensaft beträufeln, damit der Fenchel nicht braun wird. Schalotten und Knoblauch abziehen, fein hacken und in 2 EL heißem Olivenöl anschwitzen. Fenchel hinzufügen, Weißwein angießen und alles mit Salz, Pfeffer und Cayenne 7–10 Minuten halbweich dünsten. Salbeiblätter grob zupfen, drüberstreuen. Schinken in Streifen schneiden und im restlichen Öl kross anbraten. Mit den Tomaten und Oliven zum Fenchel geben, mit restlichem Zitronensaft und evtl. noch etwas Olivenöl abschmecken.

 Kann kalt oder warm gegessen werden. Wer rohe Tomaten nicht mag, kann sie mit dem Fenchel mitschmoren.

MÖHREN-KAPERN-SALAT

(für 4 Personen)

5 Möhren

1 mittelgroße rote Zwiebel

2 EL Pflanzenöl (z. B. Oliven- oder Rapsöl)

1 EL Tomatenmark

3–4 EL Weißwein

1 Glas Kapern (60 g Abtropfgewicht)

Meersalz, Pfeffer aus der Mühle, 1 Prise Zucker

je 1–2 EL Zitronensaft und Weißweinessig

1 Bund glatte Petersilie

Möhren schälen und in dünne Scheiben schneiden. Die Zwiebel abziehen, in Streifen schneiden und in heißem Öl kurz anbraten. Das Tomatenmark hinzugeben und mit Wein ablöschen. Möhren dazugeben, 2–3 Minuten anrösten. Abgetropfte Kapern unterheben, vom Herd nehmen. Mit Salz, Pfeffer, Zucker, Zitronensaft und Essig abschmecken.

Wenn der Salat kalt ist, die grob gehackte Petersilie drunterheben.

Je kleiner die Kapern sind, desto besser ist die Qualität. Ich mag die eingesalzenen Kapern lieber als die in Essig eingelegten. Sie haben einen feineren Geschmack. Falls man in Salz eingelegte Kapern verwendet, muss man diese sehr gut spülen und kurz in kaltem Wasser entsalzen. Die Speise dann nur vorsichtig mit Salz würzen. Als Kapernersatz kann man auch die Köpfe von Portulakblüten oder Gänseblümchen nehmen.

TUNFISCH-MELONEN-SALAT

(für 4 Personen)
1/2 Galia-Melone
150 g Tunfischfilet Yellow Fin

Für die Marinade:
1 rote Chilischote
1/2 Bund Minze
1/8 l Tomatensaft
3 EL Olivenöl
Saft von 1 Limette

Die Melone entkernen und die Schale abschneiden. Tunfisch abspülen, trockentupfen. Beides in ca. 1,5 cm große Würfel schneiden.

Chili entkernen, waschen, fein hacken. Minze abspülen, trockenschütteln, ein wenig davon beiseite stellen, den Rest hacken. Tomatensaft, Chili, gehackte Minze, Olivenöl und Limettensaft verrühren. Mit den Fisch- und Melonenwürfeln mischen und ca. 1 Stunde marinieren.

Mit restlicher frischer Minze verzieren und servieren.

 Wichtig: Da der Fisch roh gegessen wird, Tunfisch in Sushi-Qualität kaufen! Immer sehr frisch und im Feinkost- oder Fischladen direkt. Dann kann man sich auch beraten lassen.

WILDKRÄUTERSALAT MIT WACHTELEI

(für 4 Personen)

12 Wachteleier

180 g wilde Wiesenkräuter (z. B. Wiesenkerbel, Taubnessel, Schafgarbe, Dill,

Löwenzahn, Sauerampfer, Protulak)

1–2 Bund Rucola

Für das Dressing:

2 EL Balsamico-Essig

5 EL Olivenöl oder Walnussöl

Meersalz, Pfeffer aus der Mühle

1/2 EL Honig

Wachteleier 6 Minuten hart kochen, kalt abschrecken und pellen.

Die wilden Wiesenkräuter und Rucola waschen, trockenschütteln und in kleine Stücke zupfen. Aus Balsamico, Öl und 3 EL heißem Wasser eine Salatsauce herstellen und mit Salz, Pfeffer und Honig abschmecken. Die gekochten Wachteleier halbieren und den Salat damit garnieren.

Wiesenkerbel: farnartiges Laub mit feinem Möhrengeschmack

Taubnessel: leicht behaarte Blätter, die deutlich nach Champignons schmecken, klein schneiden

Schafgarbe: schöne filigrane Blätter mit intensivem Geschmack

Löwenzahn: recht bittere Rosetten, die durch Schwenken in lauwarmem Wasser milder werden

Sauerampfer: saurer Geschmack, nur frisch zu verwenden, enthält viel Vitamin C

Protulak: dunkelgrünes Kraut, kann auch wie Spinat zubereitet werden. Enthält viel Vitamin C, B1, B2, B6

Falls der Salat Ihnen zu »kräuterig« schmeckt, mischen Sie einfach noch verschiedene Blattsalate drunter. Statt Wachteleiern kann man auch normale Bio-Hühnereier nehmen.

BÜFFELMOZZARELLA MIT REIFEN MANGOSCHEIBEN UND FEINEN LAUCHZWIEBELN

von Jan und Christina Schütte

(für 4 Personen)

200 g Büffelmozzarella

1 reife Mango (ca. 450 g)

2 Lauchzwiebeln oder 1 rote Zwiebel

2 EL Raps-, Sonnenblumen- oder leichtes Olivenöl

1 EL Balsamico-Essig

Meersalz, Pfeffer aus der Mühle

Mozzarella in dünne Scheiben schneiden. Mango schälen, das Fruchtfleisch in Scheiben vom Stein schneiden. Beides abwechselnd fächerförmig auf einen großen Teller legen. Lauchzwiebeln putzen und waschen bzw. die rote Zwiebel abziehen. In feine Ringe schneiden und drüberstreuen. Mit Öl und Essig beträufeln, salzen und pfeffern.

 Wenn man es pikanter mag: eine Chilischote entkernen, waschen, sehr fein hacken und drüberstreuen.

Sehr erfrischend: Mozzarella statt mit Mango mit 2–3 in Spalten geschnittenen weißen Pfirsichen anrichten. Eine lauwarme Sauce aus 2 EL Honig, 2 EL Wasser und 1 EL Zitronensaft drüberträufeln und mit 1/2 TL zerdrücktem rosa Pfeffer und 5 gehackten Minzeblättern bestreuen.

FINOCCHI ROMANA – RÖMISCHER FENCHEL

(für 4–6 Personen)

3–4 Fenchelknollen

2 EL Olivenöl

150 ml Weißwein

1 EL Tomatenmark

1 TL edelsüßes Paprikapulver

4 EL Crème double

evtl. 1 TL Cognac

Meersalz, Cayennepfeffer

Fenchelknollen putzen, waschen und je nach Größe halbieren oder vierteln. In heißem Öl andünsten, Weißwein hinzugeben, aufkochen und zugedeckt bei kleiner Hitze ca. 12 Minuten weich dünsten, herausnehmen und kalt stellen.

Sud mit Tomatenmark, Paprika und Crème double verrühren (man kann Cognac daruntermischen, falls man es ganz »fein« haben möchte), mit Salz und Cayennepfeffer würzen und über den Fenchel gießen.

GEFÜLLTE KARTOFFELN

(für 4 Personen)

10 mittelgroße La-Ratte-Kartoffeln	5 EL Orangensaft
(ca. 600 g)	1–2 Safranfäden
Meersalz	3 EL Schmand
1 Zweig Rosmarin	1 Eigelb
150 g Seeteufelfilet	Fett für die Form oder das Blech
3 Schalotten	30 g Parmesan am Stück
2 EL Olivenöl	einige Bartnelkenblüten

Die Kartoffeln gründlich waschen und in Salzwasser ca. 20 Minuten kochen.

Backofen auf 200 °C (Gas Stufe 3) vorheizen.

Rosmarinnadeln abzupfen, knapp die Hälfte beiseite legen, den Rest fein hacken. Seeteufel abspülen, trockentupfen und sehr fein würfeln. Schalotten abziehen, fein würfeln und in heißem Öl glasig dünsten. Fisch hinzugeben, 1 Minute mitdünsten. Orangensaft und Safran hinzufügen. Fisch in eine Schüssel füllen und Schmand, Eigelb und gehackten Rosmarin unterrühren.

Kartoffeln abgießen, längs halbieren und mit einem spitzen Messer vorsichtig aushöhlen. Das Innere der Kartoffeln zerkleinern und zur Fischmasse geben. Die Kartoffeln nebeneinander in eine gefettete ofenfeste Form oder auf ein Blech setzen und mit der Fischmasse füllen. Parmesan reiben und drüberstreuen, mit Rosmarinnadeln belegen. Im Backofen ca. 8 Minuten überbacken.

Vor dem Servieren mit den Blüten garnieren.

 Die Dekoration aus Bartnelkenblüten duftet herrlich und harmoniert gut mit Rosmarin. Die weißen Blütenansätze werden abgeknipst, der Rest der Blüte ist essbar.

La-Ratte-Kartoffeln gelten als Königinnen unter den Kartoffeln. Sie haben leider ihren Preis und sind hier nicht immer zu haben. Typisch ist ihr sehr guter Geschmack und die längliche Form. Zur Not tut es für dieses Rezept auch eine andere längliche Lieblingskartoffel.

GEFÜLLTE SPITZPAPRIKA MIT TUNFISCH

(für 4 Personen)

4 Spitzpaprikaschoten

2 kleine Zwiebeln

2 Dosen Tunfisch in Aufguss (à 150 g Abtropfgewicht)

6 EL Olivenöl

1 EL Zitronensaft

Meersalz, Pfeffer aus der Mühle

1 Messerspitze gemahlener Chili

4 EL Kapern

Von den Paprikaschoten je einen Deckel abschneiden, entkernen und waschen.

Zwiebeln abziehen, in Würfel schneiden und in ein Sieb geben. Mit kochendem Wasser überbrühen.

Mit dem abgetropften Tunfisch, 3 EL Olivenöl, Zitronensaft, Salz, Pfeffer, Chili und abgetropften Kapern mischen und in die Paprikaschoten füllen.

In einer Pfanne mit Deckel im restlichen heißen Olivenöl rundum anschmoren und zugedeckt bei kleiner Hitze ca. 20 Minuten garen.

Dazu schmeckt geröstetes oder frisches Weißbrot, evtl. mit frischer Petersilie bestreut und mit Zitronensaft beträufelt.

 Vorsicht: Bei schwacher Hitze braten, da Paprika leicht schwarz werden. Ich kaufe die Paprika im Gemüseladen oder auf dem Markt und achte darauf, dass sie dünnschalig sind (und nicht zu scharf).

SELLERIE RIMINI

von Ingrid Wiener

(für 4 Personen)

4 kleine Sellerieknollen (ca. 600 g)

Meersalz

5 EL Weißweinessig

1 große Zwiebel

2 Dosen Tunfisch in Öl (à 150 g Abtropfgewicht)

1 EL Senf

je 1 Bund Kräuter (Petersilie, Kerbel, Liebstöckel)

4 Kopfsalatblätter

4 EL Remoulade

50 g schwarze Oliven

Sellerieknollen schälen, waschen und aushöhlen. In kochendem Salzwasser mit 2 EL Essig bei kleiner Hitze 25–30 Minuten weich dünsten. Dann kalt stellen.

Zwiebel abziehen, reiben. Abgetropften Tunfisch fein hacken. Beides mit Senf, restlichem Essig und gehackten Kräutern mischen und in die Knollen füllen. Kopfsalatblätter abspülen, trockentupfen und die gefüllten Sellerieknollen drauflegen, mit Remoulade begießen. Oliven entkernen, in Scheiben schneiden und drüberstreuen.

ZUCCHINI-LAMM-TÜRMCHEN

(für 4 Personen)

2 große Zucchini	1 Knoblauchzehe
Meersalz	100 g Lammhack
2 EL Zitronensaft	1 gestr. EL Tomatenmark
4 EL Olivenöl	4 EL trockener Weißwein
Pfeffer aus der Mühle	je 2 Zweige Thymian und Majoran
1 Tomate	25 g Parmesan
1/2 Möhre	1–2 EL Balsamico-Essig
1 kleines Stück Knollensellerie	4 essbare Blüten zum Garnieren
100 g Zwiebeln	

Die Zucchini putzen, waschen, in ca. 4 cm lange Stücke schneiden und aushöhlen. Kurz in kochendem Salzwasser blanchieren. Aus Zitronensaft, 2 EL Olivenöl, Salz und Pfeffer eine Marinade rühren. Sowohl über als auch in das ausgehöhlte Gemüse träufeln.

Tomate waschen, entkernen, fein würfeln. Möhre und Sellerie schälen und grob raspeln. Zwiebeln und Knoblauch abziehen, fein würfeln und im restlichen heißen Öl anschwitzen. Lammhack dazugeben und mitbraten. Tomatenmark und Tomatenwürfel untermischen, mit Weißwein ablöschen. Zum Schluss Möhre und Sellerie hinzugeben und noch 2 Minuten mitgaren. Abgezupfte Kräuterblättchen und geriebenen Parmesan unterheben, mit Salz und Pfeffer abschmecken und kurz durchziehen lassen.

Die Masse in die Zucchini füllen. Die Türmchen auf Tellern anrichten und mit Balsamico-Essig beträufeln. Jeden Teller mit einer schönen Blüte dekorieren (z. B. Geranie, Fuchsie oder Begonie – sie sind alle essbar. Auf Bioqualität achten!).

 Wer den Geschmack von Lamm nicht mag, kann auch gemischtes Hack vom Rind und Schwein verwenden. Auch junges Ziegenfleisch ist köstlich, nur schwer zu bekommen.

Zu Lamm passt hervorragend ein sanfter, leicht herber Rotwein – etwa ein Merlot. Vollmundig im Geschmack, von granat- bis dunkelroter Farbe.

SCHLANGENBOHNEN

(für 4 Personen)

4 Tomaten

500 g Schlangenbohnen (oder Mangetout-Bohnen)

Meersalz

2 Schalotten

1 Knoblauchzehe

20 g Butter

Pfeffer aus der Mühle

1 Bund Basilikum

Tomaten mit kochendem Wasser überbrühen, häuten, entkernen und pürieren. Bohnen waschen, putzen und in kochendem Salzwasser 3–5 Minuten garen, bis sie fast weich sind. Abgießen und mit kaltem Wasser abschrecken. Schalotten und Knoblauch abziehen, fein hacken und in der heißen Butter anschwitzen. Tomatenpüree dazugeben, aufkochen und mit Salz und Pfeffer würzen. Die gegarten Bohnen hinzugeben, kurz erwärmen. Grob gehacktes Basilikum drüberstreuen.

 Schlangenbohnen sind etwa 50 cm lang und werden gern für Wokgerichte verwendet. Sie erhalten sie in Asialäden und in sehr guten Gemüseläden.

REIS MIT GESCHMORTEM GEMÜSE

makrobiotisches Rezept von Lore Heuermann

(für 4 Personen)

400 g Vollkornreis	10 EL Sonnenblumen- oder Maiskeimöl
1 Kohlrabi (Bio)	2 Bund Petersilie
2 Möhren (Bio)	2 TL Curry
ca. 150 g Broccoli (Bio)	2 Bund Koriander
ca. 150 g Blumenkohl (Bio)	4 EL Tamari (fermentierte Bio-Sojasauce)
200 g Sojasprossen (Bio)	4 EL Gomasio (siehe Tipp)
200 g Tofu	

Vollkornreis abends in 800 ml Wasser einweichen und am nächsten Morgen ca. 20 Minuten im Dampfkochtopf kochen, dann mit geschlossenem Deckel einige Stunden stehen lassen.

Kohlrabi und Möhren schälen, klein würfeln. Broccoli und Blumenkohl in kleine Röschen teilen, waschen. Sojasprossen verlesen, abspülen und abtropfen lassen. Tofu in kleine Würfel schneiden. 4 EL Öl in einem großen Eisenwok erhitzen und bei starker Hitze zuerst Kohlrabi, Möhren und Blumenkohl ca. 5 Minuten garen, dann die klein geschnittene Petersilie, Tofu und Broccoli und kurz vor Ende die Sojasprossen mitbraten. Mit Curry und abgezupften Korianderblättern würzen.

Den Reis separat im restlichen heißen Öl anbraten, mit dem geschmorten Gemüse in einer Schüssel vermengen und mit Tamari und Gomasio abschmecken. Köstlich!

 Für dieses Rezept können Sie natürlich jedes Gemüse nehmen, das Sie mögen – und auch die einzelnen Mengen sind reine Geschmackssache.

Gomasio ist eine Mischung aus 3/4 Sesamkörnern, die zuvor in der Pfanne erhitzt worden sind, und 1/4 Meersalz, das im Mörser zerstoßen wurde. Man kann es in Reformhäusern und Bioläden auch fertig kaufen. Gomasio schmeckt auch sehr gut auf Brot.

PASTA

QUI

RICOTTA e

RAVIGGIOLO

NOSTRALE

BUNTE TAGLIATELLE MIT HUMMERRAGOUT UND KAVIAR

von Marek Erdmann, Küchendirektor von »Sarah Wieners«

(für 4 Personen)

Für den Teig:

200 g Mehl

100 g Grieß

3 Eier

3 EL Öl

Meersalz

1/2 Bund Kräuter
   (z. B. Petersilie oder Basilikum)

1 1/2 EL Tomatenmark

1 EL Kurkuma

Mehl für die Arbeitsfläche

Für das Hummerragout:

1 Bund Suppengemüse

2 Hummer

3 EL Öl

3–4 EL trockener Vermouth

2 Knoblauchzehen

Pfeffer aus der Mühle

1–2 EL Zitronensaft

200 ml Schlagsahne

4 TL Forellenkaviar

Aus Mehl, Grieß, Eiern, Öl und Salz einen Nudelteig kneten und dritteln. Für die Farben grün, rot und gelb je einen Teil mit sehr fein gehackten Kräutern, 1 EL Tomatenmark bzw. Kurkuma verkneten. Abgedeckt mindestens 20 Minuten ruhen lassen.

Suppengemüse putzen, waschen, klein schneiden. In reichlich Salzwasser aufkochen, die Hummer hinzufügen und ca. 5 Minuten kochen, dann noch mal 15 Minuten ziehen lassen. Hummer herausnehmen, Kochwasser aufheben. Fleisch aus der Schale brechen und in Würfel schneiden.

Panzer und Scherenschalen in heißem Öl anrösten. Restliches Tomatenmark kurz mitrösten, dann mit Vermouth ablöschen. 300 ml Hummerkochwasser hinzugießen, aufkochen. Knoblauch abziehen, dazupressen und den Sud mit Salz, Pfeffer und Zitronensaft würzen. Ca. 10 Minuten durchkochen lassen. Hummersud durch ein feines Sieb gießen, mit Sahne wieder aufkochen und einkochen lassen, bis die Sauce eine leicht sämige Konsistenz hat.

Nudelteige nacheinander durch eine Nudelmaschine geben oder auf einer bemehlten Arbeitsfläche zu ca. 1 mm dünnen Platten ausrollen. In Tagliatelle (Bandnudeln) schneiden. In kochendem Salzwasser 2–4 Minuten bissfest kochen.

Sauce nochmals abschmecken, Hummerfleisch darin erwärmen.

Abgetropfte Nudeln auf Tellern anrichten und Hummerragout drübergeben. Als Dekoration eine Nocke von dem Kaviar draufsetzen.

So kommen Sie ans Hummerfleisch: Den Schwanz vom Körper trennen, den Panzer von unten aufbrechen und das Fleisch herausholen. Die Scheren auch vom Körper trennen und aufbrechen. Am besten mit einem Steakklopfer vorsichtig auf den Panzer schlagen, das Fleisch herausholen und abspülen, damit keine Schalenreste am Hummerfleisch bleiben.

GNOCCHETTI SARDI – SARDISCHE GNOCCHI

(für 4 Personen)

Für die Tomatensauce:

1 1/2 kg Tomaten

1 1/2 Zwiebeln

2 Knoblauchzehen

1 1/2 EL Olivenöl

1 EL Tomatenmark

1–2 EL Weißwein

Meersalz, Pfeffer aus der Mühle

Für den Teig:

600 g Hartweizenmehl (grano duro)

1 TL Meersalz

Mehl und Salz mischen und mit 300 ml lauwarmem Wasser zu einem glatten Teig verkneten. Zu dünnen Rollen formen und in ca. 5 mm breite Stücke – je kleiner, desto feiner – schneiden. Jedes Stück leicht gegen eine flache Käsereibe drücken und mit dem Daumen rollen.

In leicht siedendem Salzwasser ca. 6 Minuten gar ziehen lassen, abtropfen.

Für die Sauce die Tomaten mit kochendem Wasser überbrühen, häuten, vierteln und entkernen. Zwiebeln und Knoblauch abziehen, hacken und in heißem Öl andünsten. Tomaten und Tomatenmark dazugeben, mit Weißwein und ca. 75 ml Wasser aufgießen. Ca. 2 Stunden einkochen. Pürieren oder am besten durch die Flotte Lotte geben und mit Salz und Pfeffer abschmecken.

MAKKARONI MIT GORGONZOLA-WALNUSS-SAUCE

(für 4 Personen)

300 g Makkaroni

Meersalz

100 g Rucola

300 g Gorgonzola

60 g Walnusskerne

100 g Schalotten

2 Knoblauchzehen

2 EL Öl

1/4 l Milch

Pfeffer aus der Mühle

einige Veilchenblüten

Makkaroni in reichlich kochendem Salzwasser bissfest kochen.

Inzwischen Rucola putzen, waschen, trockenschleudern und grob zupfen. Den Gorgonzola entrinden und in kleine Würfel schneiden. Walnüsse grob hacken. Schalotten und Knoblauch abziehen, fein würfeln und in heißem Öl andünsten. Gorgonzola und Milch hinzugeben und unter Rühren erhitzen, bis der Käse geschmolzen ist. Walnüsse und Rucola unterrühren, Sauce mit Salz und Pfeffer würzen.

Abgetropfte Nudeln mit der Sauce mischen und mit Veilchenblüten garnieren.

 Köstlich: Duftende Veilchenblüten auf der kräftigen Gorgonzolasauce!

Kandierte Veilchen sind als kleine Leckereien und als Deko auf Torten und Desserts bekannt, aber frisch mag ich sie noch lieber – auch wegen der Farbe.

SCHUPFNUDELN AUS SÜDTIROL

(für 4 Personen)

Für die Schupfnudeln:

1 kg mehlig kochende Kartoffeln

Meersalz

2 EL Mehl

2–3 EL Milch

3 Eier

Pfeffer aus der Mühle,

1 Prise Muskatnuss

ca. 200 g Butterschmalz

Mehl für die Arbeitsfläche

Für die Sauce:

100 g Butter

200 ml saure Sahne

evtl. 1 Lorbeerblatt

Meersalz, Pfeffer aus der Mühle

Kartoffeln schälen, waschen und in Salzwasser 20–25 Minuten garen.

Backofen auf 180 °C (Gas Stufe 2) vorheizen.

Kartoffeln abgießen und warm durch eine Kartoffelpresse drücken. Mit Mehl, Milch und Eiern verkneten, mit Salz, Pfeffer und Muskat würzen. Auf einer bemehlten Arbeitsfläche zeigefingerdicke Rollen mit spitzen Enden formen.

In einer ofenfesten Form so viel Butterschmalz zerlassen, dass der Boden 1/2–1 cm hoch bedeckt ist. Schupfnudeln hineinlegen und im Ofen ca. 1 Stunde lang goldbraun backen, ab und zu wenden.

Für die Sauce Butter im warmen Wasserbad zerlassen. Saure Sahne und evtl. Lorbeer hinzugeben, alles gut verrühren und erwärmen. Mit Salz und Pfeffer abschmecken. Zu den Kartoffelnudeln servieren.

 Vorsicht: Diese Speise enthält reichlich Kalorien – das muss aber auch mal sein!

Dazu passt ein Endiviensalat mit Dressing aus Weinessig, Olivenöl, Salz und Pfeffer. Die Salatschüssel vorher mit einer abgezogenen halbierten Knoblauchzehe ausreiben.

Danke für das Rezept, Frau Moretti!

KARTOFFELRAVIOLI

(für 4 Personen)

Für die Tomatensauce:

1 1/2 kg Tomaten

1 1/2 Zwiebeln

2 Knoblauchzehen

1 1/2 EL Olivenöl

1 EL Tomatenmark

1–2 EL Weißwein

Meersalz, Pfeffer aus der Mühle

Für die Füllung:

500 g Kartoffeln

Meersalz

2 kleine Zwiebeln

1 Knoblauchzehe

1 Zweig Minze

15 g Schweineschmalz

150 g würziger Schafskäse

Für den Teig:

400 g Hartweizenmehl

2 Eier

2 EL Olivenöl

Meersalz

evtl. Mehl für die Arbeitsfläche

60 g Pecorino

Für die Sauce die Tomaten mit kochendem Wasser überbrühen, häuten, vierteln und entkernen. Zwiebeln und Knoblauch abziehen, hacken und in heißem Öl andünsten. Tomaten und Tomatenmark dazugeben, mit Weißwein und ca. 75 ml Wasser aufgießen. Etwa 2 Stunden einkochen. Pürieren oder am besten durch die Flotte Lotte geben und mit Salz und Pfeffer abschmecken.

Teigzutaten zu einem glatten elastischen Teig verkneten. Abgedeckt mindestens 30 Minuten ruhen lassen.

Kartoffeln schälen, waschen und in Salzwasser 20–25 Minuten kochen.

Zwiebeln und Knoblauch abziehen, fein hacken. Mit gehackter Minze im heißen Schmalz anbräunen, abkühlen lassen.

Schafskäse zerbröckeln. Kartoffeln abgießen, durch eine Kartoffelpresse drücken und zum Käse geben, Zwiebelmischung hinzugeben und alles gut vermengen.

Nudelteig portionsweise durch eine Nudelmaschine geben oder auf einer bemehlten Arbeitsfläche sehr dünn ausrollen. Kreise (Ø ca. 8 cm) ausstechen, etwas Füllung draufgeben, Teig drüberklappen, so dass Halbkreise entstehen. Die Ränder gut festdrücken. In kochendem Salzwasser ca. 7 Minuten garen, abtropfen lassen.

Pecorino reiben, drüberstreuen.

TAGLIERINI MIT CHILI-RINDFLEISCH

(für 4 Personen)

1 kleine Zucchini

300 g Huftsteak vom Rind

2 Zwiebeln

3 Knoblauchzehen

3 EL Olivenöl

5 EL trockener Weißwein

1/8 l Schlagsahne

5 Chilischoten

50 g Parmesan

Meersalz, Pfeffer aus der Mühle

400 g Taglierini-Nudeln (am besten frisch)

Zucchini putzen, waschen und mit einem Zestenreißer die Schale rundum in dünnen Streifen – wie Nudeln – abziehen. Fleisch abspülen, trockentupfen und in feine Streifen schneiden. Zwiebeln und Knoblauch abziehen, fein hacken und in heißem Olivenöl anschwitzen. Das Fleisch dazugeben und kurz mitbraten, so dass es leicht Farbe annimmt, aber noch nicht ganz durchgebraten ist. Mit dem Weißwein ablöschen, die Sahne hinzugießen und die Zucchinistreifen hinzufügen. Bei kleiner Hitze ca. 2 Minuten mitdünsten. 1 Chilischote entkernen, waschen und dazugeben. Parmesan grob reiben und die Hälfte unterheben. Mit Salz und Pfeffer abschmecken.
Die frische Pasta in kochendes Salzwasser geben, al dente kochen und abgießen, nicht abschrecken! Sofort mit der Sauce mischen und in tiefen Pastatellern anrichten. Zur Garnierung je eine Chilischote im Ganzen und den restlichen Parmesan über die Pasta geben.

RICOTTARAVIOLI

(für 4–5 Personen)

Für die Tomatensauce:	Für den Teig:
1 1/2 kg Tomaten	2 Eier
1 1/2 Zwiebeln	Meersalz
2 Knoblauchzehen	500 g Hartweizenmehl (grano duro)
1 1/2 EL Olivenöl	
1 EL Tomatenmark	Für die Füllung:
1–2 EL Weißwein	1 Bund Petersilie
Meersalz, Pfeffer aus der Mühle	250 g Ricotta
evtl. 2–3 kleine Salsicce (rohe	1 Eigelb
geräucherte Schweinswürste aus Italien)	Meersalz, Pfeffer aus der Mühle, Muskatnuss

Außerdem:

evtl. Mehl für die Arbeitsfläche

Fett für die Ravioliform

Für die Sauce die Tomaten mit kochendem Wasser überbrühen, häuten, vierteln und entkernen. Zwiebeln und Knoblauch abziehen, hacken und in heißem Öl andünsten. Evtl. Salsicce mitbraten. Tomaten und Tomatenmark dazugeben, mit Weißwein und ca. 75 ml Wasser aufgießen. Etwa 2 Stunden einkochen. Mit Salz und Pfeffer abschmecken. Wer keine Salsicce mitgebraten hat, kann die Sauce auch noch pürieren oder durch die Flotte Lotte geben.

1/4 l warmes Wasser, Eier und Salz verrühren, dann Mehl drunterkneten. Den Teig abgedeckt mindestens 30 Minuten ruhen lassen.

Petersilie abspülen, trockenschütteln und hacken. Mit Ricotta und Eigelb verrühren und mit Salz, Pfeffer und Muskat abschmecken.

Teig portionsweise durch eine Nudelmaschine geben oder auf einer bemehlten Arbeitsfläche dünn zu breiten Streifen ausrollen. Eine gefettete Ravioliform mit einem Teigstreifen auslegen. Füllung

hineingeben, einen zweiten Streifen darüberlegen, ganz fest andrücken. Die Form umdrehen, Ravioli herausstürzen und in einzelne Ravioli rädeln oder schneiden. Vorgang wiederholen, bis alle Zutaten aufgebraucht sind. In kochendem Salzwasser ca. 7 Minuten garen, abtropfen lassen.

 Es gibt Ravioli in unzähligen Größen und Formen. Je kleiner die Form ist, desto mehr Arbeit haben Sie mit dem Füllen. Machen Sie doch gleich mehr Ravioli und frieren Sie einen Teil davon roh ein. Achten Sie dann allerdings darauf, dass immer ein Trennpapier zwischen den Ravioli liegt – sonst haben Sie nach dem Auftauen eine undefinierbare Masse.

Erfinden Sie Ihre eigene Füllung mit Ihrem Lieblingsgemüse oder Fleisch. Sie müssen die Zutaten nur sehr fein schneiden und gut abschmecken.

Wenn man keine Salsicce bekommt, kann man auch gewürztes Hack verwenden.

Dazu passt ebenfalls Salbeibutter: 4 EL leichtes Olivenöl mit 1–2 EL Butter in einer Pfanne erwärmen, 1/2–1 Bund grob gehackten Salbei hinzufügen, salzen. 5 Minuten ziehen lassen. Über die Ravioli geben.

SPAGHETTI MIT ARTISCHOCKEN UND KAPERN

(für 4 Personen)

4–6 sehr junge Artischocken	1/8 l kaltgepresstes Olivenöl
Saft von 4 Zitronen	1/8 l Weißwein
1 Chilischote	3 EL kleine, in Salz eingelegte Kapern
2 Knoblauchzehen	Pfeffer aus der Mühle
2 Sardellenfilets	100 g grüne Oliven
125 g getrocknete Tomaten in Öl	1 Bund glatte Petersilie
500 g Spaghetti	100 g Parmesan
Meersalz	

Artischocken so putzen, dass nur noch einige kleine junge Blättchen und der Boden übrig bleiben. Alle Artischockenteile sofort mit dem Saft von 3 Zitronen beträufeln, da diese ansonsten schnell braun werden. Wenn nötig, das Heu in der Mitte mit einem Teelöffel herauskratzen. Den Boden je nach Größe vierteln oder sechsteln.

Chili waschen. Knoblauch abziehen, fein hacken. Sardellen abspülen, trockentupfen, ebenfalls fein hacken. Getrocknete Tomaten abtropfen lassen und in sehr feine Streifen schneiden.

Die Spaghetti in reichlich kochendem Salzwasser garen.

Knoblauch und Sardellen in heißem Öl anschmoren, mit dem Weißwein und 4–5 EL Wasser ablöschen und erhitzen, bis sich die Sardellen auflösen. Anschließend die Artischocken hinzufügen und ca. 15 Minuten köcheln, bis sie weich sind. Die Chilischote je nach gewünschtem Schärfegrad einige Minuten mitköcheln lassen und wieder entfernen. Abgetropfte Kapern hinzufügen, pfeffern und salzen. Die Sauce mit den abgetropften Nudeln mischen, abgetropfte Oliven und getrocknete Tomaten dazugeben. Mit dem restlichen Zitronensaft abschmecken. Gehackte Petersilie unterheben und nach Belieben etwas gehobelten Parmesan drüberstreuen.

 Vorsicht beim Salzen und Pfeffern – Sardellen und Kapern sind sehr salzig, und Chili bringt schon Schärfe in die Sauce.

SPAGHETTI MIT BLUMENKOHL IN GORGONZOLASAUCE

von Daniel Spoerri

(für 4 Personen)
500 g Spaghetti
Meersalz
1 Blumenkohl

Für die Sauce:
100–200 g Emmentaler oder Parmesan (oder andere Käsereste)
150 g Gorgonzola
600 ml Milch
200 g Schlagsahne
20 g Butter
weißer Pfeffer aus der Mühle

Spaghetti in der Mitte durchbrechen, damit sie kürzer werden. In reichlich kochendem Salzwasser garen. Blumenkohl in Röschen teilen, waschen und in wenig kochendem Salzwasser 8–10 Minuten garen, so dass er noch Biss hat. Käse entrinden. Emmentaler reiben, Gorgonzola in Stücke schneiden. Milch und Sahne aufkochen, Käse darin schmelzen lassen. Nudeln und Blumenkohl abgießen, mit Butter in die Käsesauce geben und noch 1 Minute darin ziehen lassen, mit Pfeffer abschmecken.

 Blumenkohl schmeckt übrigens besonders gut, wenn er in einem Sieb im Dampf gegart wird; so verliert er nicht im Wasser den Geschmack.

TAGLIATELLE MIT SAUCE VOM PERLHUHN

(für 6 Personen)

3 kg Tomaten

500 g Tagliatelle

Meersalz

1 Perlhuhn

1 Zwiebel

3 Knoblauchzehen

6 EL Olivenöl

Pfeffer aus der Mühle

1/2 Bund Basilikum

Tomaten mit kochendem Wasser überbrühen, häuten, entkernen und pürieren.

Nudeln in kochendem Salzwasser garen.

Das Perlhuhn mit Knochen in 3–4 cm große Stücke schneiden, abspülen und trockentupfen. Zwiebel und Knoblauch abziehen, Zwiebel grob würfeln. Mit Knoblauch in heißem Olivenöl anschwitzen. Perlhuhnstücke hinzugeben, ca. 15 Minuten mitbraten, bis sie gar sind. Tomatenpüree hinzufügen, salzen, pfeffern, aufkochen und weitere 5 Minuten garen. Gezupftes Basilikum unterrühren. Mit den abgetropften Nudeln mischen.

Man kann das Perlhuhnfleisch von den Knochen lösen, klein schneiden und mitgaren, denn die Sauce ist ohne Knochen leichter zu essen. Ich allerdings bevorzuge das Fleisch am Knochen zu lassen, weil es so saftiger bleibt. Wer eine Geflügelschere hat, kann das Perlhuhn damit in Stücke schneiden – so geht's ganz einfach. Vorsicht bei den Röhrenknochen: Sie splittern leicht. Ein fester gerader Schlag mit dem Beil verhindert das oft.

SPINAT-LACHS-LASAGNE

(für 4 Personen)

500 g frischer Blattspinat

1 große Zwiebel

2 Knoblauchzehen

2 EL Olivenöl

150 ml Schlagsahne

Meersalz, Pfeffer aus der Mühle, Muskatnuss

125 g Möhren

100 g Knollensellerie

100 g Kartoffeln

50 ml Weißwein

1 Lorbeerblatt

1 EL Honig

1/4 l Gemüsebrühe

  (Fischfond, wenn vorhanden)

1/4 l Milch

500 g rohes Wildwasser-Lachsfilet

1 EL Zitronensaft

2 kleine Eier

nach Belieben Kräuter (z. B.

  Majoran, Thymian, Oregano, Petersilie)

Butter für die Form

350 g Lasagnenudeln (ohne Vorkochen)

75 g Käse

  (z. B. Mozzarella, Gouda, Emmentaler)

Spinat putzen, gründlich waschen und abtropfen lassen. Zwiebel und Knoblauch abziehen, fein hacken. Knoblauch und die Hälfte der Zwiebeln in 1 EL heißem Öl andünsten, Spinat hinzugeben und zusammenfallen lassen. 100 ml Sahne hinzugießen, kurz aufkochen und mit Salz, Pfeffer und Muskatnuss würzen. In ein Sieb geben und abtropfen lassen.

Für die Sauce Möhren, Sellerie und Kartoffeln schälen, waschen und klein schneiden. Mit den restlichen Zwiebeln im restlichen heißen Olivenöl anschwitzen, mit Weißwein ablöschen. Mit Salz, Pfeffer, Lorbeerblatt und Honig würzen, mit Gemüsebrühe, Milch und restlicher Sahne auffüllen. Aufkochen und zugedeckt 15–20 Minuten garen.

Backofen auf 170–180 °C (Gas Stufe 2) vorheizen.

Lachs abspülen, trockentupfen, klein schneiden. Mit Zitronensaft beträufeln, salzen und pfeffern.

Lorbeerblatt aus der Sauce nehmen, alles pürieren. Unter die dickflüssige Sauce vorsichtig die Eier rühren und nach Belieben gehackte Kräuter.

Eine ofenfeste Form ausbuttern. Eine Schicht Lasagnenudeln hineingeben, mit Sauce, einer Schicht

Spinat und einer Schicht Lachs bedecken. So fortfahren, bis die Zutaten aufgebraucht sind. Die oberste Schicht soll aus Lasagneblättern und Sauce bestehen. Käse reiben, drüberstreuen und im Ofen ca. 40 Minuten backen.

SPAGHETTI ALLE COZZE – SPAGHETTI MIT MIESMUSCHELN

von Andrea aus Sardinien

(für 4 Personen)
1 kg Miesmuscheln
Meersalz
300 g Cherrytomaten
2 Knoblauchzehen
1 rote Chilischote
2 EL Olivenöl
500 g Spaghetti
1 Bund Petersilie

Muscheln waschen und entbarten, geöffnete Muscheln aussortieren. Geschlossene Muscheln in sehr wenig Salzwasser 6–7 Minuten garen, bis sie sich öffnen. Alle Muscheln, die sich nicht öffnen, aussortieren. Abgießen, dabei das Kochwasser auffangen. Muschelfleisch aus den Schalen lösen.
Cherrytomaten mit kochendem Wasser überbrühen, häuten und entkernen. Knoblauch abziehen, Chili entkernen, waschen. Knoblauch und Chili fein hacken und in heißem Olivenöl andünsten. Die Hälfte der Muscheln und die Tomaten hinzugeben, aufkochen. Leicht salzen und ca. 5 Minuten garen.
Die andere Hälfte der Muscheln mit einigen EL Muschelsud pürieren.
Spaghetti in kochendem Salzwasser al dente kochen. Abgetropfte Nudeln unter die Muschel-Tomaten-Sauce heben, das Muschelpüree drübergeben und mit gehackter Petersilie bestreuen.

 Muscheln sind oft sandig. Deshalb den Kochsud vor der weiteren Verwendung am besten durch ein mit Küchenpapier ausgelegtes Sieb filtern. Wenn Sie öfter Flüssigkeiten filtern, lohnt sich die Anschaffung eines Passiertuchs.

Grazie, Andrea!

FISCH

FRITTIERTE SARDINEN MIT AUBERGINENMUS

(für 4 Personen)

2 Auberginen (ca. 500 g)

8 mittelgroße Sardinen

1 Knoblauchzehe

1 Bund Petersilie

1 TL Zitronensaft

3 EL Olivenöl

Meersalz, 1 Prise Cayennepfeffer

1 Ei

50 g Paniermehl

ca. 3/4 l Öl zum Frittieren

Backofen auf 200 °C (Gas Stufe 3) vorheizen. Auberginen putzen, waschen und halbieren. Mit 1 EL Öl die Schnittflächen beträufeln. Im Ofen ca. 25 Minuten garen, bis das Auberginenfleisch sehr weich ist.

Kopf und Schwanz der Sardinen abtrennen. Fische ausnehmen und entgräten. Filets abspülen und trockentupfen. Haut der Auberginen abziehen, das Fleisch pürieren oder mit einer Gabel zerdrücken. Knoblauch abziehen, dazupressen. Mit gehackter Petersilie, Zitronensaft und Olivenöl verrühren, mit Salz und Cayennepfeffer abschmecken.

Sardinen erst in verquirltem Ei, dann in Paniermehl wälzen. Portionsweise in heißem Öl 2–3 Minuten goldbraun ausbacken, auf Küchenpapier abtropfen lassen.

Auberginenmus auf den Sardinen verteilen.

 Auch lecker: Auberginenmus mit 1–2 EL Tahin abschmecken. Die Sesampaste gibt's im Reformhaus oder in türkischen Läden.

SEEBARBEN ALLA LIGURE – SEEBARBEN LIGURISCHER ART

(für 4–6 Personen)

1 kg Seebarben (möglichst vom Fischhändler schuppen lassen)

2 Knoblauchzehen

1 Bund Petersilie

4–5 EL Olivenöl

100 ml trockener Weißwein

300 g passierte Tomaten

Meersalz, Pfeffer aus der Mühle

75 g schwarze Oliven ohne Kerne

1 EL Kapern

2 Zweige Basilikum

1 Zitrone

Fische ggf. schuppen, ausnehmen und von innen und außen waschen und trockentupfen.

Knoblauch abziehen, fein hacken. Mit der gehackten Petersilie in heißem Öl leicht andünsten. Sobald der Knoblauch Farbe bekommt, Wein hinzufügen und bei starker Hitze einkochen. Dann die passierten Tomaten hinzufügen. Alles nochmals ca. 5 Minuten einkochen lassen, mit Salz und Pfeffer kräftig würzen.

Die Fische hinzugeben und bei mittlerer Hitze ca. 5 Minuten kochen. Abgetropfte Oliven, Kapern und gehacktes Basilikum hinzufügen. Fische mit der Sauce servieren, Zitrone in Spalten schneiden, dazureichen.

KABELJAU MEDITERRAN

(für 4 Personen)

2 Schalotten	1 Prise Cayennepfeffer
1 EL Olivenöl	800 g Kabeljaufilet
4 Knoblauchzehen	je 4 kleine Zweige Thymian, Oregano,
500 g reife Bio-Tomaten	Majoran und Rosmarin
1 EL Tomatenmark	1 EL Zitronensaft
Meersalz, schwarzer Pfeffer aus der Mühle	2 TL Butter

Schalotten abziehen, würfeln und in heißem Olivenöl andünsten. 2 Knoblauchzehen abziehen. Tomaten waschen, vierteln und entkernen. Alles mit Tomatenmark pürieren. Kalte Tomatensauce mit Salz, Pfeffer und Cayenne abschmecken.

Fischfilet abspülen, trockentupfen, in 4 gleich große Stücke schneiden und jedes auf ein großes Stück Alufolie legen. Restlichen Knoblauch abziehen, in Scheibchen schneiden. Kräuter abspülen, trockenschütteln. Zitronensaft, Knoblauch und Butter auf die Fischstücke verteilen, salzen, pfeffern und mit je einem Thymian-, Oregano-, Majoran- und Rosmarinzweig belegen. Alufolien zu Päckchen verschließen und auf dem Grill ca. 10 Minuten garen.

Päckchen öffnen und die Tomatensauce über den Fisch geben. Dazu passt Ciabatta.

 Die Sauce evtl. mit geschälter, sehr fein geraspelter Möhre verrühren, dadurch wird sie fester und gehaltvoller.

Picknick-Tipps: Wasser oder andere Softdrinks in Plastikflaschen im Tiefkühlfach anfrieren, bis sie fast hart sind. Die Getränke wirken dann als Kühlelemente für die Lebensmittel und werden beim Picknick aufgetaut getrunken. Die kalte Tomatensauce in einer Thermoskanne kühl halten.

GEBEIZTER WILDLACHS

(für 8–10 Personen)

100 g Möhren

75 g Knollensellerie

1 kleine Stange Lauch

30 g Ingwer

1/2 Bund Petersilie

1 Anisstern

1 TL Koriandersamen

abgeriebene Schale von 1 Bio-Orange

abgeriebene Schale von 1/2 unbehandelten Zitrone

60 g Meersalz

40 g Zucker

1,2 kg Wildlachs am Stück – am besten vom Fischhändler filetieren lassen, die Haut muss
    dranbleiben! Die Gräten mit einer Pinzette ziehen.

Möhren und Sellerie schälen, Lauch putzen. Gemüse waschen. Ingwer schälen. Petersilie abspülen, trockenschütteln. Alles portionsweise in der Moulinette sehr fein hacken. Anis und Koriander im Mörser zerstampfen. Gewürze mit der Orangen- und Zitronenschale, Salz und Zucker zum Gemüse geben und gut mischen.

Lachs abspülen, trockentupfen und ggf. die restlichen Gräten mit einer Pinzette entfernen. Eine Lachshälfte mit der Hautseite nach unten in eine Form legen. Gemüsemischung drauf verteilen. Die andere Lachshälfte mit der Fleischseite drauflegen. Mit Klarsichtfolie abdecken, ein Küchenbrett o. Ä. drauflegen und beschweren, z. B. mit Konservendosen oder einem Ziegelstein.

Im Kühlschrank 2 Tage durchziehen lassen, dabei alle 12 Stunden mit der sich bildenden Flüssigkeit beträufeln. Vor dem Servieren den Lachs in dünnen Scheiben von der Haut schneiden.

GEGRILLTER STOCKFISCH

(für 4–6 Personen)

1 kg Stockfisch

100 ml Öl

3 EL Weißweinessig

Pfeffer aus der Mühle

1 Bund Petersilie

Den Stockfisch 12–24 Stunden wässern, dabei das Wasser häufig wechseln.

Fisch häuten und mit einer Pinzette die Gräten entfernen. In Stücke von ca. 4 cm schneiden. Mit Öl, Essig, Pfeffer und der Hälfte der gehackten Petersilie mischen und abgedeckt für mindestens 4 Stunden in den Kühlschrank stellen.

Danach den Fisch vorsichtig herausnehmen und abtropfen lassen. Auf einem vorgewärmten Grill 3–4 Minuten pro Seite braten, dabei immer wieder dünn mit der Marinade bepinseln.

Mit restlicher Petersilie und evtl. gegrillten Tomaten servieren.

 Stockfisch (Klippfisch) gibt's in spanischen, griechischen und italienischen Lebensmittelläden.

FISCHEINTOPF MIT TOMATEN UND KARTOFFELN

(für 4 Personon)

3 mittelgroße mehlig kochende Kartoffeln

3 Möhren

1 Stück Knollensellerie (ca. 250 g)

2 Gläser Fischfond (800 ml) oder
    selbst gekochter Fischfond

8 mittelgroße Tomaten

600 g Fischfilet (z. B. Lachs, Steinbeißer,
    Rotbarsch)

3 Zwiebeln

2 Knoblauchzehen

1 EL Sesamöl oder anderes Öl

100 ml Weißwein (oder Fischfond und
    etwas Zitronensaft)

Meersalz, Pfeffer aus der Mühle

1 Zweig Thymian

einige Begonienblüten zum Verzieren

Kartoffeln, Möhren und Sellerie schälen, waschen und grob würfeln. Gemüse im Fischfond aufkochen und ca. 20 Minuten garen.

Tomaten mit kochendem Wasser überbrühen, häuten und würfeln. Fischfilet abspülen, trockentupfen und in mundgerechte Stücke schneiden. Zwiebeln und Knoblauch abziehen. Zwiebeln in Streifen, Knoblauch in feine Würfel schneiden. Beides in heißem Öl andünsten. Tomaten hinzufügen und kurz mitdünsten. Fisch und Weißwein hinzugeben und bei kleiner Hitze zugedeckt ca. 5 Minuten dünsten.

Fischfond mit dem Gemüse hinzugeben, noch einmal aufkochen und alles mit Salz und Pfeffer abschmecken. Mit abgezupften Thymianblättchen bestreuen. Den Fischtopf mit Begonienblüten garnieren. Dazu passt Bauernbrot.

 Frisch und pfeffrig – so wird der Geschmack von Begonien beschrieben. Die kleinen Blüten schmecken intensiver als die großen.

Sesamöl schmeckt kräftig und passt sehr gut in den Fischeintopf. Wer den Geschmack nicht mag, nimmt lieber Olivenöl oder Rapsöl.

PICCATA VOM RED SNAPPER MIT THYMIANBLÜTEN, SAUTIERTEM GEMÜSE UND BRUNNENKRESSE

von Tino Speer, Küchenchef im Restaurant »Sarah Wiener im Hamburger Bahnhof«

(für 4 Personen)

Für den Salat:

1 Schalotte

30 ml kaltgepresstes Olivenöl

Saft von 2 Limetten

1/2 TL Akazienhonig

Meersalz, Pfeffer aus der Mühle

3 Tropfen Rosenwasser (in Apotheken oder türkischen Läden erhältlich)

ca. 150 g Brunnenkresse

Für das Gemüse:

100 g Kaiserschoten

1 Paprika

1 kleine Zucchini

1 Mango

Für die Piccata:

600 g Red-Snapper-Filet

2 Eier

Meersalz, Pfeffer aus der Mühle

140 g Parmesan (fein gerieben)

2 TL Thymianblüten (alternativ Holunderblüten)

60 ml kaltgepresstes Olivenöl

Außerdem:

30 ml kaltgepresstes Olivenöl

Meersalz, Pfeffer aus der Mühle

1/2 Bund asiatischer Schnittlauch

6 Blätter Rau Ram (vietnamesischer Koriander)

Für den Salat die Schalotten abziehen, fein würfeln und in heißem Olivenöl anschwitzen. Mit dem Limettensaft ablöschen und mit Honig, Salz und Pfeffer abschmecken. Rosenwasser hinzugeben und alles kräftig mit dem Schneebesen durchschlagen.

Die Kresse waschen, Stiele entfernen, Kresse trockenschleudern.

Kaiserschoten, Paprika und Zucchini putzen, waschen und in Streifen schneiden. Die Mango schälen, das Fruchtfleisch vom Kern trennen und in Stifte schneiden.

Für die Piccata den Red Snapper abspülen, trockentupfen und in 4 Stücke zu etwa 150 g schneiden.

Die Eier mit Salz und Pfeffer verquirlen, fein geriebenen Parmesan und Thymianblüten in die Masse geben. Die Filets darin wälzen. In heißem Olivenöl goldbraun braten, anschließend ggf. nachwürzen.

Gemüse und Mango in heißem Olivenöl anschwitzen und mit Salz und Pfeffer abschmecken. Den Schnittlauch in 2 cm lange Streifen schneiden, das Rau Ram zupfen und die Kräuter hinzugeben.

Kresse mit der Salatsauce mischen und am Tellerrand anrichten, sautiertes Gemüse in die Mitte des Tellers geben und die Piccata auf das Gemüse legen.

MAKRELE »IM BOOT«

(für 4 Personen)

1 Chilischote	1 Zitrone
5 reife Tomaten	5 EL Olivenöl
1 EL Kapern	1 Zwiebel
2 Zweige frischer Oregano	Pfeffer aus der Mühle
Meersalz	einige Salatblätter zum Garnieren
4 Makrelen (ca. 1 kg)	schwarze Olivenringe, Mixed Pickles

Chili entkernen, waschen, fein hacken. Tomaten mit kochendem Wasser überbrühen, häuten, entkernen und in kleine Würfel schneiden. Mit Chili, abgetropften Kapern und abgezupften Oreganoblättchen mischen, salzen.

Fische ausnehmen, von innen und außen waschen und trockentupfen. Zitrone waschen. Eine halbe Zitrone auspressen, Rest in dünne Scheiben schneiden. Je 1 Scheibe Zitrone und 2 TL Tomatenmischung in einen Fisch geben. Auf dem Grill von jeder Seite 6–7 Minuten braten, dabei mit einer Marinade aus 1 EL Öl und Zitronensaft bestreichen. Zwiebel abziehen, in Spalten schneiden und im restlichen heißen Öl anbraten. Übrige Tomatenmischung dazugeben und ca. 5 Minuten zu einer dicklichen Sauce einkochen. Mit Salz und Pfeffer abschmecken.

Salatblätter abspülen, trockentupfen. Makrelen häuten, in Filets teilen, auf dem Salat anrichten. Sauce drübergießen und nach Wunsch mit Olivenringen und Mixed Pickles dekorieren.

Bei Chili gilt die Regel: je kleiner und röter, desto schärfer. Die Samen und Adern sind besonders scharf – diese daher vorher entfernen. Falls es mal zu scharf wird: Kein Wasser trinken! Lieber Milch oder Bier. Milchfett und Alkohol können das Capsaicin (Chili-Schärfe) von den Schleimhäuten lösen. Am besten, man zieht bei der Zubereitung Einweghandschuhe an. Nie ins Auge fassen!

ROTBARBEN IN TOMATENSAUCE

(für 4 Personen)

3 Schalotten

2 Knoblauchzehen

6 EL Olivenöl

800 g Rotbarben (möglichst vom Fischhändler schuppen und ausnehmen lassen)

Meersalz

250 g Tomaten

2 Zweige Basilikum

Backofen auf 200 °C (Gas Stufe 3) vorheizen.

Schalotten und Knoblauch abziehen, Schalotten grob hacken. Beides mit 2 EL Öl in eine ofenfeste Form geben. Fische innen und außen abspülen, trockentupfen, salzen und in die Form legen.

Tomaten waschen, entkernen und in Würfel schneiden. Mit gehacktem Basilikum, restlichem Öl und 4 EL Wasser mischen, salzen und über den Fischen verteilen.

Im Ofen ca. 20 Minuten backen.

Am besten schuppt man Fische in der Spüle – immer gegen den Strich. Sorgfältig schuppen (dafür gibt es spezielle Messer), weil die Schuppen beim Essen sehr stören. Mit der Hand gegen den Strich nochmals nachkontrollieren. Ziehen Sie dabei Einweghandschuhe an oder waschen Sie die Hände danach mit Essig oder Zitronensaft.

STEINBUTT MIT KAPERN

(für 4 Personen)
600–700 g Steinbuttfilet
Meersalz, Pfeffer aus der Mühle
40 g Mehl
4–5 EL Olivenöl
45 g Butter
3 EL Kapern
Saft von 1 Zitrone
1 Bund Petersilie

Fischfilets abspülen, trockentupfen, salzen und pfeffern. Die Filets mehlieren und in heißem Öl bei mittlerer bis starker Hitze von der einen Seite 4 Minuten, von der anderen Seite 2 Minuten braten. Herausnehmen und warm halten.

Öl aus der Pfanne wischen und Butter darin erhitzen. Abgetropfte Kapern, Zitronensaft und gehackte Petersilie hineingeben und alles 1–2 Minuten kochen lassen. Mit Salz und Pfeffer würzen und über den Fisch gießen. Sofort servieren.

Als Beilage passen gedämpfte Karotten mit Öl, Salz und Petersilie.

 Mehlieren heißt: Ein Nahrungsmittel von allen Seiten mit Mehl bedecken. Das macht eine schöne braune Kruste und dickt eine evtl. vorhandene Sauce etwas an.

TUNFISCHFILET AUF SELLERIESCHEIBEN

(für 4 Personen)

1 großer Bio-Knollensellerie (oder 2 kleine Knollen)

Meersalz

1 Bund Brunnenkresse

1 große Zwiebel

3 Knoblauchzehen

4–5 EL Olivenöl

Pfeffer aus der Mühle

1/8 l trockener Weißwein

500 g frische Tunfischsteaks (4 Stück, je 2 cm dick)

1 EL Sesamsamen

Sellerie schälen, halbieren, in 5 mm dicke Scheiben schneiden, gut einsalzen und ca. 30 Minuten stehen lassen.

Brunnenkresse waschen, putzen, trockenschütteln und grob hacken. Sellerie abspülen und trockentupfen. Zwiebel und Knoblauch abziehen, fein hacken und in 2 EL heißem Öl anbraten. Selleriescheiben hinzugeben, mit Salz und Pfeffer abschmecken, mit Weißwein ablöschen. Zugedeckt bei kleiner Hitze ca. 15 Minuten schmoren.

Tunfischsteaks abspülen, trockentupfen und im restlichen Öl pro Seite ca. 1 Minute anbraten – der Tunfisch sollte innen noch rosa sein! Fisch in Streifen schneiden und auf den Selleriescheiben anrichten. Mit geröstetem Sesam und Brunnenkresse bestreuen.

 Nie zu große Sellerieknollen kaufen! Sie sind oft faserig und haben Löcher, weil sie zu schnell gewachsen sind. Alles, was langsam wächst (Kartoffeln, Kohl, Sellerie), sollte man möglichst im Bioladen kaufen, da sich besonders viele Pestizide im Gemüse ablagern. Und Freilandgemüse ist immer besser als das im Glashaus gezüchtete …

ZANDER AUF ORANGEN-CARPACCIO

(für 6 Personen)

800 g Zanderfilet

3 EL Zitronensaft

Meersalz, Pfeffer aus der Mühle

2–3 EL Mehl

7 EL Olivenöl

8 Orangen

1 rote Zwiebel

1 Bund Koriander

Zanderfilets abspülen, trockentupfen und in Rauten schneiden. Mit Zitronensaft beträufeln, salzen und pfeffern. Den Fisch mehlieren, überschüssiges Mehl abschütteln. In 4 EL heißem Öl von beiden Seiten je 2–3 Minuten goldgelb braten, auf Küchenpapier geben und abkühlen lassen.

Die Orangen schälen und mit einer Aufschnittmaschine oder einem sehr scharfen Messer in hauchdünne Scheiben schneiden. Auf einer flachen Platte fächerförmig anrichten. Zwiebel abziehen und in feine Ringe schneiden. Zander auf den Orangen verteilen, Zwiebelringe drübergeben. Mit dem restlichen Olivenöl beträufeln und mit Salz und Pfeffer würzen. Koriander klein hacken und drüberstreuen.

Das Original-Carpaccio besteht aus hauchdünn geschnittenem rohem Rindfleisch, das mit Öl und Zitronensaft oder einer cremigen Vinaigrette aus Olivenöl angemacht und mit Parmesanspänen bestreut wird. Mittlerweile wird der Begriff »Carpaccio« auch für Speisen verwendet, die aus dünn geschnittenen und marinierten Zutaten bestehen. So gibt es auch Fisch-, Wild-, Gemüse- und Obst-Carpaccio.

FLEISCH

AFRIKANISCHER SENEGAL

von Rona Hafner

(für 4 Personen)

1 große Zwiebel

1 große Süßkartoffel

4 EL Tomatenmark

4–6 EL Erdnussbutter

1/8 l Olivenöl

1 kg mageres Rindergulasch (oder 1 ganzes Huhn)

1 große rote Chili, nicht zu scharf

Ingwer- und Knoblauchpulver

Meersalz, Pfeffer aus der Mühle

Zwiebel abziehen, Süßkartoffel schälen. Beides klein schneiden und in 1 l Wasser mit Tomatenmark, Erdnussbutter und Öl aufkochen. 2 Stunden bei mittlerer Hitze kochen, bis die Zwiebel und die Kartoffel völlig zerkocht sind. Rindfleisch dazugeben und ca. 1 1/2 Stunden weiterschmoren, bis alles in einer großen Lake aus mehreren Zentimetern Öl liegt. Chili entkernen, waschen und klein schneiden. Mit den anderen Gewürzen hinzugeben und abschmecken. Dazu passt Reis und geputzte rohe Paprika. Man isst es mit der rechten Hand!

 *Dazu trinken: Rum, gewürzt mit Ingwer, Orangenblütenaroma und Vanille.*

HÜHNERRÖLLCHEN MIT KRÄUTERN

(für 4 Personen)

75 g Parmesan

1 Bund Petersilie

je 1/2 Bund Majoran und Oregano

200 g Schalotten

3 Knoblauchzehen

4 Sardellen

5 EL Olivenöl

40 g Kapernbeeren (auch Kapernäpfel genannt)

2 EL Paniermehl

abgeriebene Schale von 1 unbehandelten Zitrone

4 Hühnerbrustfilets (à ca. 130 g)

Meersalz, Pfeffer aus der Mühle

6 dünne Scheiben Parmaschinken (insgesamt ca. 60 g)

200 ml Weißwein

Parmesan fein reiben. Kräuter abspülen, trockenschütteln und grob hacken. Schalotten und Knoblauch abziehen. Schalotten fein würfeln, Knoblauch durchpressen. Sardellen abspülen, trockentupfen, hacken. Schalotten, Knoblauch und Sardellen in 2 EL heißem Öl anschwitzen. Klein geschnittene Kapernbeeren, Paniermehl, Zitronenschale, Kräuter und Parmesan hinzugeben.
Hühnerbrustfilets der Länge nach in 3 Scheiben schneiden, etwas flach klopfen, salzen und pfeffern. Mit je 1/2 Scheibe Parmaschinken belegen und 1 1/2 EL Füllung draufgeben. Zusammenrollen, mit Zahnstochern feststecken. Im restlichen heißen Öl bei mittlerer Hitze rundum ca. 8 Minuten braten, mit Weißwein ablöschen und 1 Minute einkochen. Sauce mit Salz und Pfeffer abschmecken.

 Statt Hühnerbrustfilets kann man auch Putenfleisch oder kleine Kalbsschnitzel nehmen.

GEKRÄUTERTES BRATHUHN

von Ursula Mayr, Casucci

(für 4 Personen)
2 Knoblauchzehen
1 kleines Bund Estragon
3–4 EL Olivenöl
Meersalz, Pfeffer aus der Mühle
1 Huhn (1,8–2 kg)
1 unbehandelte Zitrone
50 g durchwachsener Speck
1 EL Butter
1/8–1/4 l Weißwein

Den Backofen auf 180 °C (Gas Stufe 2) vorheizen.

Knoblauch abziehen, fein hacken. Mit gehacktem Estragon, 1 EL Öl, Salz und Pfeffer mischen. Huhn von innen und außen waschen und trockentupfen. Die Haut des Huhns an der Brust und am Schenkelansatz vorsichtig lösen und die Kräutermischung zwischen Haut und Fleisch schieben. Zitrone waschen, in Scheiben schneiden. Speck würfeln. Beides in das Huhn füllen.

Restliches Öl und Butter in einen Bräter geben, das Huhn hineinlegen und zugedeckt im Ofen ca. 50 Minuten garen. Den Deckel abnehmen, 1/8 l Wein angießen und das Huhn noch einmal etwa genauso lange garen (evtl. noch mehr Wein hinzugeben). Den Bratfond entfetten, mit Salz und Pfeffer abschmecken und zum Huhn reichen.

 Danke, liebe Ursel und lieber Eberhard, für eure Gastfreundschaft!

KURU DOLMAR

(für 10 Personen)

5 Kränze getrocknete Auberginen	100 ml Öl
5 Kränze getrocknete Paprika	Meersalz
5 große Zwiebeln	30 g Pulbiber
1/2 Knolle Knoblauch	1/2 EL Kreuzkümmel
1 großes Bund glatte Petersilie	1/2 EL Pfeffer aus der Mühle
1 kleines Bund frische Pfefferminze	
2 kg Rinderhackfleisch	Für die Sauce:
1 1/2 kg passierte Tomaten	2 EL Tomatenmark
1 kg Rundkornreis	1 EL Paprikamark
6 gehäufte EL scharfes Paprikamark	2 EL Öl
6 gehäufte EL Tomatenmark	Meersalz
2 EL Granatapfelsaft (für die Säure)	

Auberginen 30 Minuten, Paprika 20 Minuten in Wasser kochen.

Zwiebeln abziehen, fein würfeln. Knoblauch abziehen, durch die Presse drücken oder pürieren. Petersilie und Pfefferminze abspülen, trockenschütteln und fein hacken. Zwiebeln, Knoblauch und Kräuter mit den restlichen Zutaten mischen, Paprika und Auberginen zur Hälfte damit füllen. Auberginen in einen breiten Topf schichten, darauf die Paprika legen.

Saucenzutaten mit 1/2 l Wasser verrühren, über das Gemüse gießen, aufkochen. Zugedeckt bei kleiner Hitze ca. 1 Stunde kochen. Evtl. etwas Wasser nachgießen.

 Ich liiieebe Kuru Dolmar!

Pulbiber (gebrochener Chili) bekommt man in türkischen Läden. In der Regel sind getrocknete Chilis schärfer als frische. Die Samen sind besonders scharf. Chili hat eine desinfizierende Wirkung und wird daher besonders gern in heißen Ländern gegessen. Er ist – entgegen landläufiger Meinung – sehr gut verträglich bei Magengeschwüren. Das Capsaicin (Chili-Schärfe) kann auch Glückshormone auslösen.

SCHWEINEFILET IM KRÄUTERMANTEL

(für 6 Personen)

3 Scheiben altes Toastbrot

2 Knoblauchzehen

1 Bund glatte Petersilie

1 unbehandelte Zitrone

Meersalz, frisch gemahlener Pfeffer

3 Schweinefilets (à ca. 300 g)

2 EL Olivenöl

einige Salatblätter

einige Kapuzinerkresse- und Bartnelkenblüten

Backofen auf 60 °C vorheizen. (Achtung: Dieses Rezept funktioniert nicht im Gasherd.)

Toastbrot in der Moulinette grob zerkleinern. Knoblauch abziehen und fein würfeln. Petersilie abspülen, trockenschütteln und die Blättchen fein hacken. Zitrone abspülen, trockenreiben und die Schale mit einem Zestenreißer abziehen oder dünn abschälen und in feine Streifen schneiden. Alles mischen und mit Salz und Pfeffer würzen.

Vom Schweinefilet alle Sehnen entfernen. Die Filets rundum mit Öl bestreichen und in der Brotmischung wälzen. In einen Bräter legen und im Ofen 5 Stunden garen.

Salatblätter abspülen und trockenschleudern. Fleisch in Scheiben schneiden und auf den Salatblättern mit den Blüten anrichten. Dazu passen Kartoffeln, Couscous oder Brot und ein grüner Salat.

 Gleich zwei Blütensorten auf dem Teller: zarte Bartnelken und quietschgelbe Blüten der Kapuzinerkresse. Beide passen mit leicht pfeffriger Schärfe zum Salat und zum Fleisch.

Fleisch auf diese Art zu garen, nennt man Garen bei Niedertemperatur. Der Vorteil: Das Fleisch bleibt wunderbar zart und saftig und bildet keine Röststoffe. Wichtig: Die Temperatur sollte nicht über 100 °C liegen. Ideal sind 60 bis 80 °C.

MIT ZIEGENCURRY GEFÜLLTE ROTE BETE IN KAROTTEN-KÜRBIS-SAUCE

(für 4 Personen)

8 kleine Rote Bete

Meersalz

evtl. Gemüsebrühe

2 EL Zitronensaft

Pfeffer aus der Mühle

8 kleine Zwiebeln

8 Knoblauchzehen

2 Möhren (ca. 120 g)

4 kleine Knollensellerie

50 g Ingwer

8 Lauchzwiebeln

12 Curryblätter

8 Kardamomkapseln

4 Nelken

3 EL Arganöl (in Feinkostläden erhältlich,
   möglich sind aber auch andere hochwertige
   Pflanzenöle)

ca. 360 g mageres Hackfleisch von jungen
   Ziegen (geeignet ist auch Lammhack)

einige Koriandersamen

1 TL gemahlener Kurkuma

je 1 Messerspitze gemahlener Zimt und
   Kreuzkümmel

4 Tomaten

Für die Karotten-Kürbis-Sauce:

500 g Hokkaido-Kürbis

8 Möhren (ca. 480 g)

2 rote Chilischoten
   (»Kaschmirchili« oder »New-Mexico«)

3 EL Arganöl

1 l Kokosmilch

ca. 1 EL Weißwein mit Restsüße
   (z. B. Gewürztraminer)

Außerdem:

120 g milder weicher Ziegenkäse

1/2 Bund frischer Koriander

evtl. Pinienkerne

Rote Bete in kochendem Salzwasser oder Gemüsebrühe 30–40 Minuten weich kochen. Kurz abkühlen lassen, dann schälen und mit einem Kugelausstecher oder einem kleinen Messer aushöhlen. Mit Zitronensaft, Salz und Pfeffer mischen und mindestens 20 Minuten marinieren.

Zwiebeln und Knoblauch abziehen. Möhren, Sellerie und Ingwer schälen. Lauchzwiebeln putzen, waschen und in Ringe schneiden. Sellerie und 2 Möhren klein würfeln, Zwiebeln, Knoblauch und

Ingwer fein hacken, die Hälfte beiseite stellen. Die andere Hälfte mit dem klein geschnittenen Gemüse, Lauchzwiebeln, Curryblättern, Kardamom und Nelken in 3 EL heißem Öl bei kleiner Hitze andünsten. Das Ziegenfleisch hinzufügen und mitbraten. Koriander im Mörser zermahlen, Kurkuma, Zimt und Kreuzkümmel dazugeben, alles durchrühren und 5 Minuten weiterbraten. Die Tomaten waschen, entkernen, klein hacken und unterrühren. Salz hinzufügen. Sobald die Tomaten zerkocht sind, mit wenig Wasser aufgießen. Die Curryblätter entfernen, wenn sie stören. Anschließend alles in die Rote Bete füllen.

Backofen auf 170 °C (Gas Stufe 2) vorheizen.

Für die Karotten-Kürbis-Sauce den Kürbis waschen, entkernen und mit Schale in Stücke schneiden. Möhren schälen, ebenfalls klein schneiden. Chilis entkernen und waschen. Übrige Zwiebeln, Ingwer und Knoblauch im heißen Arganöl anschwitzen. Möhren, Kürbis und Chilis dazugeben. Mit Kokosmilch aufgießen, aufkochen und zugedeckt ca. 15 Minuten sehr weich dünsten. Die Chilis herausfischen und alles pürieren. Mit Weißwein, Salz und Pfeffer abschmecken. Die Sauce sollte recht flüssig sein, weil sie im Ofen noch etwas einkocht, also evtl. mit etwas Wasser oder Gemüsebrühe verdünnen.

Sauce in eine ofenfeste Form füllen, die Rote Bete hineinsetzen. Den Ziegenkäse in 8 Scheiben schneiden und als Deckel obenauf legen. Im Ofen 15–20 Minuten backen.

Mit grob gehacktem Koriander bestreuen, nach Wunsch ebenfalls mit gerösteten Pinienkernen. Dazu schmeckt Hirse, frittierte Kartoffelwürfel oder Fladenbrot.

 Falls der Ziegengeschmack zu kräftig ist, kann man das Fleisch vorher in etwas Wasser mit einer Knoblauchzehe, einer Zimtstange und Lorbeerblättern 10 Minuten köcheln lassen, dann abgießen und nach Rezept weiter verfahren.

Arganöl ist mein Lieblingsöl. Es ist ein seltenes und teures Öl, das leicht nussig schmeckt. Es wird aus den Nüssen des Arganbaums (Eisenholzbaum) hergestellt, der nur im südlichen Marokko wächst. Dieses kostbare Öl enthält 80 % ungesättigte Fettsäuren (hauptsächlich Linolsäure und Ölsäure) und hat einen hohen Anteil an Antioxidatien (freie Radikalen-Fänger).

CEVAPCICI

(für 4 Personen)

3 Knoblauchzehen

Meersalz

600 g Hackfleisch, halb Schwein, halb Rind

1 1/2 TL Paprikapulver, edelsüß

1/2 TL Paprikapulver, scharf

Pfeffer aus der Mühle

2 EL Mehl

3 EL Öl

Knoblauchzehen abziehen und mit Salz zu Mus zerdrücken. Mit Hackfleisch und den Gewürzen verkneten. Im Kühlschrank 1–2 Stunden durchziehen lassen.

Aus der Masse kleine Würste von 2,5 cm Durchmesser und ca. 8 cm Länge formen. In Mehl wälzen. Im heißen Öl bei mittlerer Hitze von allen Seiten braun braten.

Dazu passt Reis, Kartoffelpüree oder einfach Brot und Salat. Senf und Ketchup nicht vergessen!

Hauptsächlich sind edelsüßer und scharfer Paprika im Gebrauch. Paprikapulver hat je nach Sorte, Mahlvorgang und Veredelung einen pikanten, scharfen oder milden Geschmack. Der schärfste ungarische Paprika ist der Kirschpaprika. Edelsüßer Paprika wurde früher dadurch hergestellt, dass der schärfste Teil, die Adern des Paprikas, entfernt wurden. Heute gibt es milde Neuzüchtungen, die diesen Vorgang überflüssig machen.

LAHMACUN – TÜRKISCHE PIZZA

(für 4 Stück)

Für den Teig:

1/4 Würfel frische Hefe

250 g Mehl

1 Prise Zucker, Meersalz

Für den Belag:

1 kleine Zwiebel

1 TL Sumach

60 g grüne und rote scharfe kleine Paprika

125 g Tomaten

je 125 g Hackfleisch vom Rind und vom Lamm

3 Zweige Petersilie

2 Zweige Pfefferminze

1 TL Tomatenmark

1/2 TL Paprikapaste

evtl. 1 Knoblauchzehe

evtl. Öl

Meersalz, Pfeffer aus der Mühle, Kreuzkümmel, Paprikapulver scharf und edelsüß

Mehl für die Arbeitsfläche

Öl fürs Blech

Zerbröckelte Hefe in ca. 150 ml lauwarmem Wasser auflösen. Mit Mehl, Zucker und Salz verkneten, bis ein Teig weich wie ein Ohrläppchen entsteht. Zugedeckt an einem warmen Ort ca. 1 Stunde gehen lassen.

Für den Belag Zwiebel abziehen, fein hacken, mit Sumach mischen. Paprika entkernen, waschen, fein hacken. Tomaten waschen, mit einer Reibe grob reiben. Alles mit Hackfleisch, gehackter Petersilie und Minze, Tomatenmark, Paprikapaste und evtl. abgezogenem und durchgepresstem Knoblauch vermischen. Es soll eine glatte pastenartige Masse entstehen, sonst evtl. noch Öl und Wasser hinzugeben. Mit den Gewürzen abschmecken.

Backofen auf 225 °C (Gas Stufe 4) vorheizen.

Teig erneut durchkneten und vierteln. Jedes Teigstück auf einer bemehlten Arbeitsfläche zu einem dünnen Fladen ausrollen. Auf ein geöltes Blech legen und mit je 1/4 der Fleischmasse belegen. Im Ofen 10–15 Minuten backen. Die Teigfladen sollen nicht zu knusprig werden, damit man sie zum Essen noch aufrollen kann.

Sumach bekommt man in türkischen Läden. Man verwendet die braunroten Steinfrüchte getrocknet im Ganzen oder gemahlen. Sumachsträucher kommen in Mittelmeerländern und im Nahen und Mittleren Osten vor. Das Gewürz fördert bei fettreichen Speisen die Fettverbrennung. Es schmeckt leicht herb-säuerlich und wird für Fleischgerichte, Fischeintöpfe und zum Ansäuern von Bohnensuppe und Getränken verwendet.

KUCHEN & SÜSSES

CRÈME BRÛLÉE MIT SAFRAN

(für 4 Personen)

1/4 l Schlagsahne

1/4 l Milch

4 Eigelb

50 g Zucker

abgeriebene Schale von 1/2 Bio-Orange

1 Tüte gemahlener Safran

ca. 4 EL brauner Zucker

Backofen auf 150 °C (Gas Stufe 1) vorheizen.

Alle Zutaten, außer braunen Zucker, glatt rühren. In 4 feuerfeste Förmchen füllen. In eine Fettpfanne stellen, bis 1/2 cm unter den Förmchenrand mit heißem Wasser auffüllen und ca. 1 Stunde garen.

Im Ofen abkühlen lassen und über Nacht in den Kühlschrank stellen.

Vorm Servieren den braunen Zucker drüberstreuen und mit einer Lötflamme karamellisieren.

Wer hat, kann die Crème brûlée unter einem Salamander karamellisieren – ein normaler Backofengrill ist meist nicht heiß genug. Sonst einen Bunsenbrenner nehmen. Den bekommt man in Küchenfachgeschäften oder Baumärkten. Der allerkleinste reicht. Falls Sie die Ausgabe scheuen – na dann essen Sie die Crème eben unkaramellisiert!

HIMBEER-FEIGEN-MUS

(für 4 Personen)

3 grüne, sehr reife Feigen

100 g frische Himbeeren

1 Zweig Pfefferminze (ca. 6 Blatt)

Die Feigen schälen, die Himbeeren verlesen. Beides zusammen mit einer Gabel sehr gut zerdrücken.
Mit der Pfefferminze verzieren.

 Passt sehr gut zu den süßen Ravioli (siehe Rezept S. 156).

HOLUNDERBEERENCREME

(für 4 Personen)

400 g Holunderbeeren	geriebene Muskatnuss
250 g Kirschen	1 Zimtstange
2 Bio-Orangen	Mark von 1 Vanilleschote
3 EL brauner Zucker	500 g Joghurt
150 ml Rotwein	evtl. Mascarpone

Holunderbeeren abspülen und abzupfen. Kirschen abspülen und entsteinen. 1 Orange heiß abwaschen, abtrocknen und eine Hälfte dünn abschälen, ein weiteres Viertel fein abreiben. Beide Orangen auspressen. Alles mit den übrigen Zutaten, außer Joghurt und Mascarpone, mischen und 1–1 1/2 Stunden ziehen lassen.

In einen Topf geben, aufkochen und ca. 10 Minuten bei kleiner Hitze köcheln.

Abkühlen lassen und die großen Orangenschalenstücke und die Zimtstange entfernen. Joghurt dazugeben. Eiskalt servieren. Evtl. mit einem Klecks Mascarpone verzieren.

HOLLERSIRUP – HOLUNDERBLÜTENSIRUP

(für ca. 2 Liter)

2 kg Zucker

8 unbehandelte Zitronen (zur Not: 50 g Zitronensäure)

20 große blühende Holunderdolden (in der Natur sammeln)

1 l Wasser mit Zucker so lange kochen, bis sich der Zucker aufgelöst hat. Zitronen heiß abwaschen, dann dünn abschälen. Früchte auspressen. Holunderdolden verlesen. Alles in den abgekühlten Zuckersirup geben. Abdecken, kühl stellen und 5 Tage stehen lassen, dabei mehrmals durchrühren. Anschließend durch ein sehr feines Sieb gießen, in saubere Flaschen abfüllen und verschließen. Hält sich kühl aufbewahrt viele Monate.

Anstatt von Zitronen Saft und Schale von 4–5 Bio-Orangen nehmen.

Holunder wächst meist an altem Gemäuer oder am Waldrand. Ich backe die Blüten auch oft in einem dünnen Mehlteig und beträufel das Ganze mit Honigwasser – köstlich! Holundertee soll blutreinigend und gut gegen Erkältung sein. Die dunklen Beeren muss man allerdings kochen (siehe Rezept Holunderbeerencreme auf Seite 137). Man kann sie nicht roh verzehren.

LIMONENLIKÖR

(für ca. 1 1/2 Liter)

6 Limonen (Zitronen)

1 l Franzbranntwein

750 g Zucker

Die gelbe Schale der Limonen dünn abschälen und in Streifen schneiden. Limonenschale und Branntwein mischen. Zucker und 1/4 l Wasser so lange kochen, bis kein Schaum mehr aufsteigt. Abkühlen lassen. Branntwein und Zuckerlösung verrühren. 3 Wochen zugedeckt bei Zimmertemperatur stehen lassen.

Den Likör gut durchschütteln und weitere 12 Tage stehen lassen. Filtrieren und in saubere Flaschen füllen, verschließen.

Je länger man den Likör verschlossen aufbewahrt, desto besser wird er.

 Von den geschälten Zitronen auch noch die weiße Haut entfernen und die Früchte für einen Cocktail nehmen oder püriert als Basis für ein Sorbet benutzen.

MEDITERRANER OBSTSALAT MIT MINZE UND FEIGEN

(für 8 Personen)

ca. 1,5 kg Fruchtfleisch verschiedener reifer Melonen
(z. B. Wassermelone, Netzmelone, Honigmelone)

3 Pfirsiche

5 reife Aprikosen

300 g Weintrauben

4 reife Feigen

200 g weiße Johannisbeeren

1 Grapefruit

150 ml frisch gepresster Orangensaft

1 Bund Minze

Melonen entkernen, gut schälen und würfelig schneiden, das übrige Obst waschen. Pfirsiche und Aprikosen entsteinen und in Spalten schneiden. Weintrauben halbieren und entkernen, die Feigen schälen und vierteln. Ein paar Johannisbeerenrispen für die Verzierung zur Seite legen, Rest entrispen. Die Grapefruit mit einem scharfen Messer so dick schälen, dass die weiße Haut entfernt wird, und filetieren.

Die Früchte, bis auf die Feigen, in eine Schüssel geben, Orangensaft und grob geschnittene Minze hinzufügen und vorsichtig vermengen. Mit den Feigen und einigen Johannisbeerrispen verzieren.

 Sehr einfach und sehr köstlich!

MARONENMOUSSE

(für 6–8 Personen)

1 kg Maronen

1 l Milch

150 g Zucker

Mark von 1 Vanilleschote

3 cl Rum

1/2 l Schlagsahne

ca. 70 g Puderzucker

Maronen in Wasser ca. 30 Minuten kochen. So heiß wie möglich schälen.

Milch mit Zucker, Vanillemark und den geschälten Maronen ca. 45 Minuten bei kleiner Hitze kochen. Rum hinzufügen, alles im Mixer fein pürieren und vollständig abkühlen lassen.

Sahne mit dem Puderzucker steif schlagen und unter das Maronenpüree ziehen. Kalt servieren.

 Wenn man Maronen selbst röstet, muss man sie vorher unbedingt anritzen (dafür gibt es sogar Spezialmesser), sonst »explodieren« sie in der Pfanne. Da Maronen glutenfrei sind, aber viel Stärke enthalten, kann man aus dem Mehl auch Kuchen backen oder es zu einer Art Polenta kochen.

SEHR EINFACHE SCHOKOMOUSSE

(für 4 Personen)

2 Blatt Gelatine

250 g Zartbitterkuvertüre

50 g Zucker

500 g Crème double

Gelatine 5 Minuten in kaltem Wasser einweichen.

Kuvertüre fein hacken und im warmen Wasserbad schmelzen lassen.

75 ml Wasser mit Zucker aufkochen, die Gelatine gut ausdrücken und im warmen (nicht kochenden!) Zuckerwasser auflösen. Geschmolzene Kuvertüre und Crème double einrühren. Mindestens 1–2 Stunden im Kühlschrank fest werden lassen.

 Das ist eine Schokomousse, die ganz leicht gelingt. Praktisch, wenn man wenig Zeit hat. Sonst lasse ich lieber die Gelatine weg und schlage Butter schaumig auf und verdicke mit dem Eigelb von 2–3 frischen Bio-Eiern. Dann hat man aber auch gleich mehr »Hüftgold« ...

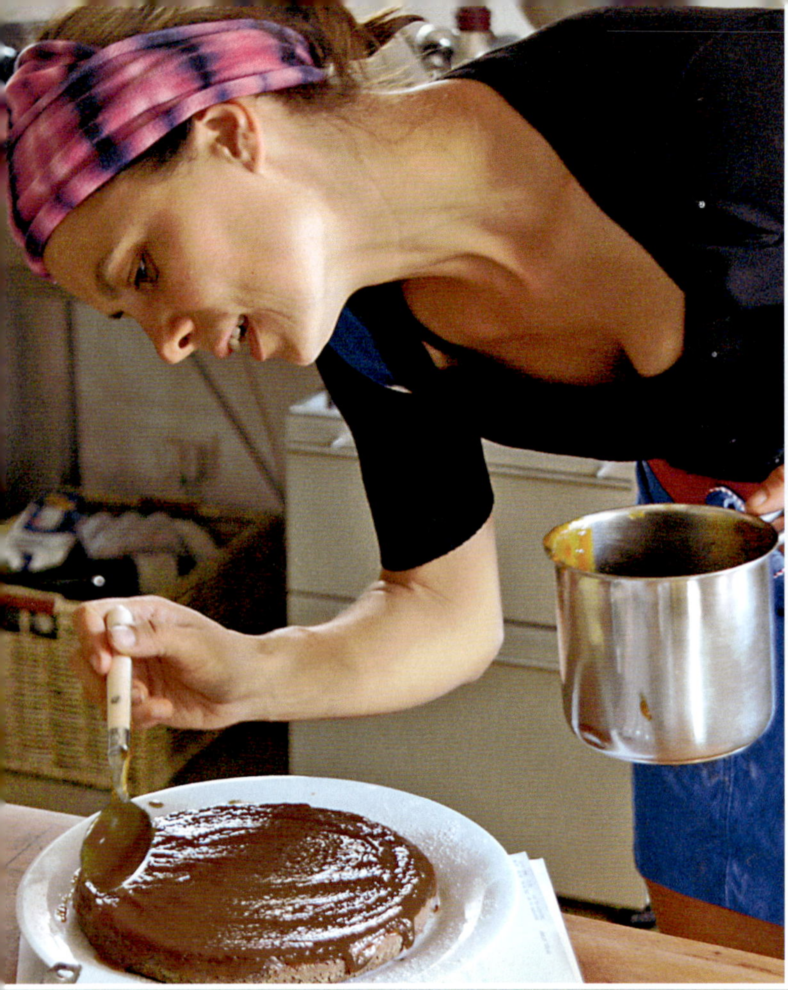
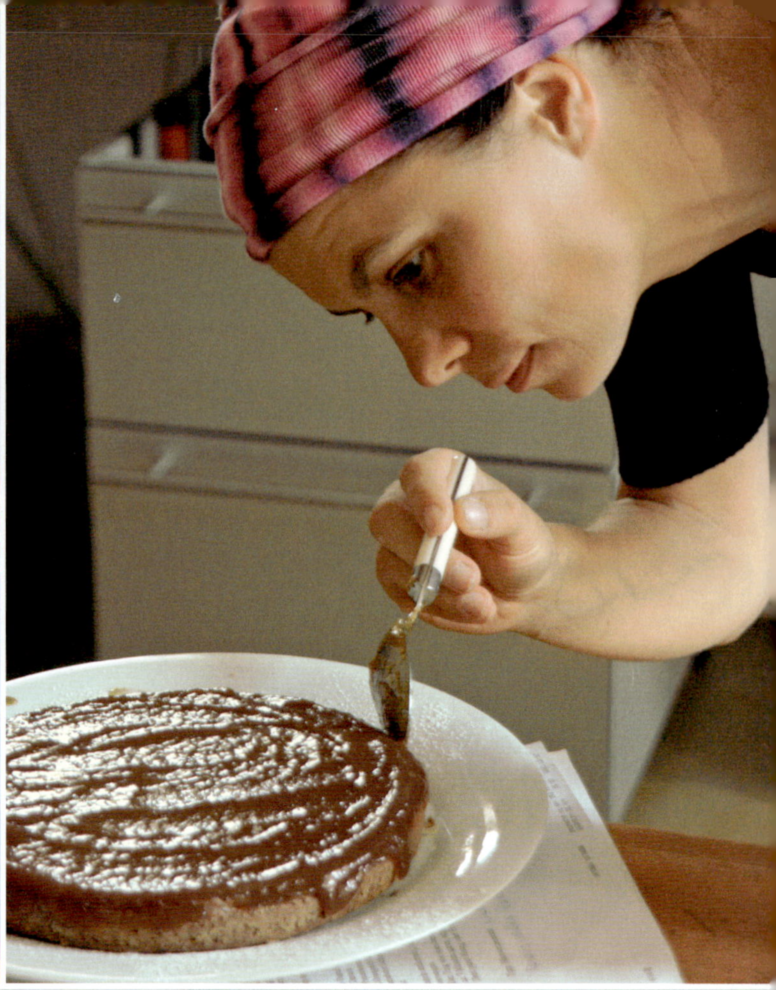
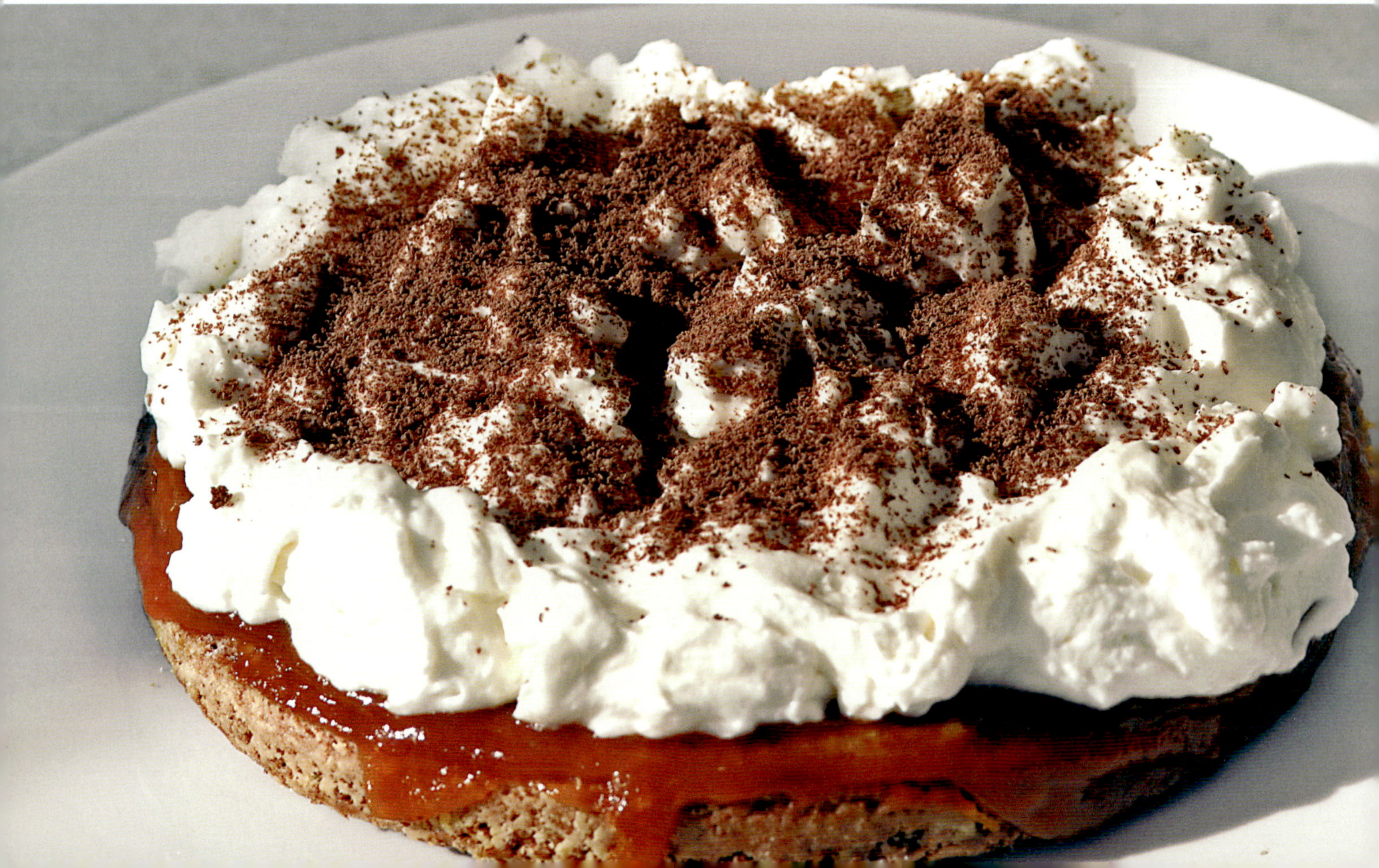

MANDELKUCHEN

(für 6 Stück)

100 g Zartbitterschokolade

100 g Butter

3 Eier

120 g Zucker

140 g geschälte gemahlene Mandeln

Fett für die Form

1 EL Paniermehl

1 TL Puderzucker zum Bestäuben

Backofen auf 180 °C (Gas Stufe 2) vorheizen.

Schokolade fein hacken und mit der Butter im warmen Wasserbad schmelzen lassen. Eier trennen, Eigelb mit Zucker dickschaumig rühren. Mandeln und die abgekühlte Schokolade hinzufügen. Eiweiß zu Eischnee schlagen und unter den Teig heben.

Eine Springform (Ø 18 cm) einfetten und mit Paniermehl ausstreuen. Teig einfüllen. Im Ofen ca. 35 Minuten backen.

Abkühlen lassen und mit Puderzucker bestäuben.

Dazu schmeckt diese kalte Sauce: 100 g Crescenza (ganz weicher Kuhmilchkäse, fast wie Mascarpone) mit 2 EL Milch, 3 EL Schlagsahne, 1–2 TL Puderzucker und 1 Päckchen Bourbon-Vanillezucker glatt rühren.

Oder Sie geben eine Mascarponecreme auf die Torte: 300 g Mascarpone mit 2 EL Puderzucker und 1 EL Bourbon-Vanillezucker glatt rühren. 200 g Schlagsahne steif schlagen, unterheben. Dann die Torte mit warmer Aprikosenmarmelade bestreichen und die Creme darauf verteilen, mit geriebener Schokolade bestreuen.

PASTIERA NAPOLETANA – MÜRBETEIGKUCHEN AUS NEAPEL

(für 8 Stück)

Für den Mürbeteig:

420 g gekochte Weizenkörner

375 g Mehl

250 g Butter

125 g Zucker

2 Eigelb

1 Prise Meersalz

Mark von 1/2 Vanilleschote

Mehl für die Arbeitsfläche

Für die Creme:

1/4 l Milch

abgeriebene Schale von 1/2 Bio-Orange

1/2 Päckchen Bourbon-Vanillezucker

4 Eigelb

260 g Zucker

1 EL Speisestärke

500 g Ricotta

2 EL kandierte Früchte (z. B. Zitronat
   und Orangeat)

3 EL Orangenblütenwasser

1 TL Puderzucker

Weizenkörner über Nacht in Wasser einweichen. Am nächsten Tag in reichlich frischem Wasser 15–20 Minuten kochen, dann ca. 45 Minuten bei kleiner Hitze ausquellen lassen. Abgießen und abkühlen lassen.

Teigzutaten verkneten. Zugedeckt im Kühlschrank ca. 30 Minuten ruhen lassen.

Milch mit Orangenschale und Vanillezucker aufkochen. 2 Eigelb mit 60 g Zucker dickschaumig rühren. Stärke drüberstäuben und langsam die warme Milch unterrühren. Masse auf dem Herd unter ständigem Rühren erhitzen, bis die Creme gebunden ist. Vorsicht: Nicht zu lange erhitzen, sonst gerinnt die Masse. Abkühlen lassen.

Backofen auf 180 °C (Gas Stufe 2) vorheizen.

Teig auf einer bemehlten Arbeitsfläche 0,5 cm dick rund ausrollen, etwas Mürbeteig aufbewahren. Eine Springform (Ø 20 cm) mit Backpapier auslegen. Teig hineinlegen, Ränder hochziehen und gerade schneiden. Mit einer Gabel Löcher einstechen.

Ricotta mit 200 g Zucker und restlichem Eigelb verrühren. Die abgekühlte Creme, kandierte Früchte und Orangenblütenwasser dazugeben. Weizenkörner unterheben und alles in die Springform füllen, mit einem nassen Löffel glatt streichen.

Restlichen Mürbeteig ausrollen, in Streifen schneiden und zur Verzierung auf die Ricottamasse legen.

Im Ofen ca. 1 Stunde backen. Sobald die Oberfläche dunkel wird, mit einer Alufolie abdecken.

Den Kuchen auf einem Kuchengitter abkühlen lassen. Mit Puderzucker bestäuben.

 Zu Ostern gibt es den Kuchen überall in Neapel und Umgebung. Und mit seinem delikaten und besonderen Orangenblütenaroma (in der Apotheke oder Italienläden zu kaufen) erobert er jeden.

NUSSKUCHEN AUS SÜDFRANKREICH

(für ca. 12 Stück)
180 g Mehl
80 g Butter
1 Prise Meersalz
Fett für die Form
3 Eier
2 EL Crème fraîche
200 g Lavendelhonig
2–4 cl Calvados
125 g grob gehackte Nüsse (z. B. Walnüsse)

Backofen auf 200 °C (Gas Stufe 3) vorheizen.

Mehl, Butter, Salz und 4–5 EL kaltes Wasser zu einem Mürbeteig verkneten und damit eine gefettete Tarteform (Ø 26 cm) auskleiden, Rand gerade schneiden.

Eier, Crème fraîche, Honig, Calvados und Nüsse verrühren und in die Tarteform füllen. Im Ofen 35–40 Minuten backen. Auskühlen lassen.

 Die Torte hält sich ein paar Tage und ist wirklich einfach zu machen.

SÜSSE POLENTASCHNITTEN MIT ORANGENKOMPOTT

(für 4–6 Personen)

Für die Polenta:

3/4 l Milch

1 Prise Meersalz

250 g Maisgrieß (Polenta)

4 EL Honig

75 g getrocknete Cranberries
 (oder sehr fein geschnittene Backpflaumen)

3 Eigelb

4 EL Butter (oder Butterschmalz)

Für das Kompott:

4 Orangen

2 EL brauner Zucker

2 EL Butter

je 1/8 l Weißwein und Orangensaft

Milch mit Salz aufkochen, die Polenta einstreuen. Kräftig rühren, bis die Masse wieder aufkocht, dann noch einige Minuten unter ständigem Rühren ausquellen lassen. Polenta vom Herd nehmen, Honig, Cranberries und Eigelb unterrühren.

Die Masse in eine gebutterte breite Form ca. 2 cm hoch einfüllen, glatt streichen und fest werden lassen.

Für das Orangenkompott die Orangen mit einem scharfen Messer so dick schälen, dass die weiße Innenhaut entfernt wird. Orangen in feine Scheiben schneiden oder, wenn man viel Zeit hat, filetieren. Braunen Zucker in der heißen Butter vorsichtig karamellisieren lassen. Mit Wein und Orangensaft ablöschen und den Karamell loskochen. Die Orangen hinzufügen und das Kompott abkühlen lassen.

Polenta mit (runden) Ausstechförmchen ausstechen oder in Rauten schneiden. In der restlichen heißen Butter von beiden Seiten goldbraun braten. Orangenkompott dazu essen.

 Wem der pure Orangengeschmack zu langweilig ist, der kann das Kompott mit Nelken, Zimt und Kardamom aufpeppen – aber Vorsicht: nicht überwürzen!

MÖHREN-KOKOS-MANDELKUCHEN MIT GUSS

(für 8 Stück)

150 g ganze Mandeln

300 g Möhren

150 g Zucker

150 g Kokosraspel

abgeriebene Schale von 1 Bio-Orange

3 Eier

1/2 Päckchen Trockenhefe

Fett für die Form

200 g Vollmilchschokolade

50 ml Schlagsahne

Mandeln mit kochendem Wasser überbrühen, häuten und mahlen.

Backofen auf 160 °C (Gas Stufe 1) vorheizen.

Möhren schälen und in der Moulinette zerkleinern oder raspeln. Mit Mandeln und Zucker mischen. Kokosraspel, Orangenschale, Eier und Hefe hinzufügen. Mit einem Holzlöffel verrühren. In eine gefettete Springform (Ø 20 cm) geben. 10 Minuten backen, dann die Temperatur auf 180 °C (Gas Stufe 2) erhöhen und weitere 40 Minuten backen. Auf einem Kuchenrost abkühlen lassen.

Schokolade fein hacken und im warmen Wasserbad schmelzen lassen. Sahne einrühren. Ruhen lassen, bis die Schokolade so zähflüssig ist, dass man sie als Glasur auf den Kuchen streichen kann. Danach 20 Minuten im Kühlschrank abkühlen lassen.

 Möhrenraspel machen den Kuchen schön saftig – es schmeckt auch mit geriebenom Kürbis, Zucchini oder Apfel sehr gut.

TORTA DI CIOCCOLATO AL PEPERONCINO – SCHOKOLADENKUCHEN MIT CHILI

(für 8 Stück)

100 g zartbittere Chili-Schokolade

100 g Butter

100 g Rohrzucker

3 Eier

2 EL Rum

60 g Kekse (z. B. Löffelbiskuit)

1 Prise Meersalz

Fett für die Form

Außerdem:

Ca. 200 ml Schlagsahne

Backofen auf 180 °C (Gas Stufe 2) vorheizen.

Schokolade fein hacken und im warmen Wasserbad schmelzen lassen. Weiche Butter mit Zucker schaumig rühren. Eier trennen. Nach und nach das Eigelb dazugeben, dann die geschmolzene Schokolade und den Rum hinzufügen. Gut verrühren. Kekse zerbröseln und untermischen. Eiweiß mit Salz steif schlagen und unterheben. In eine gefettete Springform (Ø 20 cm) füllen und im Ofen ca. 35 Minuten backen. Den Kuchen abkühlen lassen und mit Sahne servieren.

 Wer keine Chili-Schokolade bekommt, kann etwas Chilipulver zum Kuchenteig geben.

Für Buffets sieht es schön aus, wenn man den Teig im Weckglas backt. Im Weckglas bei 160 °C backen (Haushaltsherd 40–50 Minuten, Umluftherd 35 Minuten). Mit geschmolzener Kuvertüre überziehen (1/3 Sahne mit 2/3 dunkler Kuvertüre erwärmen, verrühren und über den Kuchen gießen).

Man kann den Kuchen auch mit einem Schokoladenmantel einhüllen: 200 g dunkle Kuvertüre im Wasserbad schmelzen und mit 200 ml erhitzter Sahne verrühren, dann über den Kuchen gießen.

SEADAS, RICOTELLE, CASADINAS –
VERSCHIEDEN GEFÜLLTE SÜSSE KÄSETASCHEN

(für 12–14 Personen)
Für den Teig:

1 Prise Salz

180 g Schweineschmalz

1 kg Hartweizenmehl

Salz in 1/4 l Wasser auflösen, mit den übrigen Teigzutaten mischen und gut durchkneten, so dass ein Teig weich wie ein Ohrläppchen entsteht. 1–2 Stunden bei Zimmertemperatur ruhen lassen.

Für die Seadas:

500 g frischer Scarmorza

ca. 1 l Sonnenblumenöl zum Ausbacken

abgeriebene Schale von

250 g Honig

2 unbehandelten Zitronen

1/8 l Zitronensaft

Mehl für die Arbeitsfläche

Käse entrinden, in der Moulinette fein hacken und mit Zitronenschale mischen.
Teig vierteln und jede Portion durch die Nudelmaschine geben oder auf einer bemehlten Arbeitsfläche zu Streifen dünn ausrollen. In Abständen je 1–2 EL Käsefüllung darauf verteilen, einen zweiten Teigstreifen drüberlegen. Um die Füllung herum gut andrücken und Kreise (Ø ca. 8 cm) ausrädeln oder -schneiden. In heißem Sonnenblumenöl portionsweise ausbacken. Auf Küchenpapier abtropfen lassen.
Honig mit Zitronensaft und 1/8 l Wasser erwärmen und die fertig gebackenen Seadas damit beträufeln.

 Scarmorza ist ein Käse in Flaschenform – man sollte ihn ohne den »kleinen Kopf« verwenden, da dieser am salzigsten ist. Statt Zitronenschale kann man auch Petersilie zur Seadas-Füllung geben, in alten Zeiten hat man auch Pfeffer hineingetan.

Für die Ricotelle:

500 g Ricotta

3 EL Zucker

1 Päckchen Bourbon-Vanillezucker

2 cl Sambucca, Anisschnaps oder Aquavit

Mehl für die Arbeitsfläche

ca. 1 l Sonnenblumenöl zum Ausbacken

Ricotta, Zucker, Vanillezucker und den Alkohol vermischen. Teig auf einer bemehlten Arbeitsfläche dünn ausrollen. Kreise (Ø 8 cm) ausstechen, etwas Füllung draufgeben und den Teig drüberklappen, so dass Halbkreise entstehen. Ränder festdrücken. Wie die Seadas ausbacken.

Für die Casadinas:

500 g Scarmorza oder einen anderen Kuhmilchkäse ohne Salz

   (man kann auch Ricotta nehmen oder 1/2 Ricotta und 1/2 Käse)

6 EL Zucker

4 EL Rosinen

abgeriebene Schale von 1 Bio-Orange oder von 2 unbehandelten Zitronen

Backofen auf 180 °C (Gas Stufe 2) vorheizen.

Käse entrinden und in der Moulinette fein hacken. Mit Zucker, Rosinen, Orangen- oder Zitronenschale mischen.

Teig wie für die Ricotelle ausrollen, Kreise mit geriffelten Rändern (Ø 5–8 cm) ausstechen und etwas Füllung draufgeben. Mit einem zweiten Teigkreis abdecken und den Rand mit Daumen und Zeigefinger alle 2 cm zusammenkneifen, so dass kleine Körbchen entstehen. Im Ofen ca. 20 Minuten backen.

 Man kann die Käsetaschen für einige Tage in den Kühlschrank legen. Um das Zusammenkleben zu vermeiden, legt man sie auf ein Tuch oder zwischen Back- oder Pergamentpapier.

SÜSSE RAVIOLI MIT 2 FÜLLUNGEN

(für 4 Personen)
Für den Teig:
200 g Hartweizenmehl (grano duro)
40 g Zucker
40 g Schmalz
1 Eigelb

Teigzutaten gut verkneten. Abgedeckt mindestens 30 Minuten ruhen lassen.

Für die Ricotta-Füllung:

200 g Ricotta	30 g Rosinen
40 g Zucker	Mehl für die Arbeitsfläche
abgeriebene Schale von 1 unbehandelten Zitrone	Fett für die Form
1 EL Kirschlikör	ca. 1 l Sonnenblumenöl zum Frittieren

Ricotta mit Zucker, Zitronenschale, Kirschlikör und Rosinen verrühren.
Den Ravioliteig durch eine Nudelmaschine geben oder auf einer bemehlten Arbeitsfläche zu Streifen dünn ausrollen. In eine gefettete Ravioliform legen, füllen. Einen zweiten Teigstreifen drüberlegen, andrücken, aus der Form stürzen und auseinander schneiden – oder kleine Häufchen auf einen Teigstreifen geben, einen zweiten Teigstreifen drüberlegen, um die Füllung herum festdrücken, in Ravioliform ausradeln oder -schneiden. Portionsweise in heißem Sonnenblumenöl frittieren, bis die Ravioli goldbraun sind. Auf Küchenpapier abtropfen lassen.
Mit Honig servieren (z. B. Miele di corbezzolo – sardischer Bitterhonig). Warm servieren!

Für die Dattel-Füllung:

100 g Datteln

75 g Pinienkerne

2 EL Orangenblütenwasser

abgeriebene Schale von 1 Bio-Orange

Meersalz

Datteln entkernen, fein hacken. Mit Pinienkernen, Orangenblütenwasser und -schale vermengen. Den Teig wie oben beschrieben ausrollen und füllen. In kochendem, leicht gesalzenem Wasser ca. 7 Minuten garen, abgießen.

 Dazu passt Honig oder Fruchtpüree, z. B. Himbeer-Feigen-Mus (siehe Rezept Seite 135). Hartweizenmehl wird in Italien »grano duro« genannt. Daraus wird klassischerweise fast jeder Nudelteig gemacht.

REGISTER

Afrikanischer Senegal 118
Aioli 27
Apfel-Sellerie-Cremesuppe 54
Artischockencreme 42
Auberginen, mariniert 31
Auberginenmus 102
Auberginen-Paprika-Salat mit Rosinen 61
Auberginenröllchen, gefüllt 15
Avocado-Garnelen-Salat 65
Béchamelsauce 42, 43
Blätterteigschnecken 18
Brathuhn, gekräutert 121
Bruschetta 13
Büffelmozzarella mit Mango und Lauchzwiebeln 71
Bunte Tagliatelle mit Hummerragout und Kaviar 82
Casadinas 155
Cevapcici 129
Champignons, mariniert 26
Chili-Rindfleisch mit Taglierini 90
Crème brûlée mit Safran 134
Crostini mit Zuckerschoten-Lachstartar 17
Datteln, gefüllt, in Weinteig 22
Eier mit Zucchini-Tunfisch-Füllung 10
Eingelegte Oliven 29
Eingelegte Sardinen 11
Feldsalat mit gebackenem Radicchio und
    Entenbrust 62
Fenchel, römischer 73
Fenchelsalat, geschmorter, mit Tomaten und
    geräuchertem Schinken 66
Fenchelsuppe 50
Finocchi Romana 73
Fischeintopf mit Tomaten und Kartoffeln 109
Frittierte Sardinen mit Auberginenmus 102
Gebackene rote und gelbe Paprika mit
    Sardellenpaste 21
Gebeizter Wildlachs 106
Gefüllte Auberginenröllchen 15
Gefüllte Datteln in Weinteig 22
Gefüllte Kartoffeln 74

Gefüllte Sardinen 33
Gefüllte Spitzpaprika mit Tunfisch 75
Gefüllte süße Käseteigtaschen 154
Gefüllte Weinblätter 14
Gegrillter Stockfisch 107
Gekräutertes Brathuhn 121
Geschmorter Fenchelsalat mit Tomaten und
    geräuchertem Schinken 66
Geschmortes Gemüse mit Reis 79
Gnocchetti Sardi 85
Hackfüllung 38
Himbeer-Feigen-Mus 135
Hollersirup 138
Holunderbeerencreme 137
Hühnerröllchen mit Kräutern 119
Hummerragout mit bunter Tagliatelle und Kaviar 82
Kabeljau mediterran 105
Kalbsfond 53
Karotten-Kürbis-Sauce 126
Kartoffeln, gefüllt 74
Kartoffelravioli 88
Käseteigtaschen, gefüllt 154
Kohlrabi-Carpaccio 30
Kuru Dolmar 122
Lahmacun 130
Lasagne mit Spinat und Lachs 98
Lauchcreme 46
Limonenlikör 139
Maiscremesuppe 51
Makkaroni mit Gorgonzola-Walnuss-Sauce 86
Makrele »im Boot« 112
Mandelkuchen 145
Mangetout-Bohnensalat 58
Mango-Ingwer-Suppe 55
Mango-Sesam-Salsa 37
Marinierte Auberginen 31
Marinierte Champignons 26
Maronenmousse 142
Möhren-Kapern-Salat 67
Möhren-Kokos-Mandelkuchen 151
Mürbeteigkuchen aus Neapel 146
Nusskuchen aus Südfrankreich 149
Obstsalat, mediterran 141

Oliven, eingelegt 29
Olivenkuchen 25
Panierte Shrimps mit Aioli 27
Pastiera Napoletana 146
Papaya-Avocado-Salat mit Seranoschinken 59
Paprika, gebacken, mit Sardellenpaste 21
Pesto 41
Piccata vom Red Snapper 110
Pilzcreme 43
Polentaschnitten, süße, mit Orangenkompott 150
Radicchio, gebacken, mit Feldsalat und
    Entenbrust 62
Radieschensuppe 53
Räucherforellenmousse 48
Ravioli, süß 156
Red Snapper 110
Reis mit geschmortem Gemüse 79
Ricotelle 155
Ricottaravioli 91
Riesengarnelen auf Mango-Sesam-Salsa 37
Röllchen von Seezunge 34
Römischer Fenchel 73
Rotbarben in Tomatensauce 113
Rote Bete mit Ziegencurry gefüllt 126
Salbeibutter 93
Sardinen, eingelegt 11
Sardinen, frittiert, mit Auberginenmus 102
Sardinen, gefüllt 33
Saubohnen mit Speck und Minze 35
Schlangenbohnen 78
Schokoladenkuchen mit Chili 153
Schokomousse 143
Schupfnudeln aus Südtirol 87
Schweinefilet im Kräutermantel 123
Seadas 154
Seebarben alla Ligure 103
Seezungenröllchen 34
Sellerie Rimini 76
Shrimps, paniert, mit Aioli 27
Spaghetti alle cozze 100
Spaghetti mit Artischocken und Kapern 94
Spaghetti mit Blumenkohl in Gorgonzolasauce 95
Spalterbsenpüree 47

Spargel-Eier-Creme 46
Spinat-Lachs-Lasagne 98
Spitzpaprika, gefüllt, mit Tunfisch 75
Steinbutt mit Kapern 114
Stockfisch, gegrillt 107
Süße Käsetaschen 154
Süße Polentaschnitten mit Orangenkompott 150
Süße Ravioli 156
Tagliatelle mit Sauce vom Perlhuhn 97
Tagliatelle mit Hummerragout und Kaviar 82
Taglierini mit Chili-Rindfleisch 90
Teigtaschen mit Hackfüllung 38
Teigtaschen, gefüllt, mit Schafskäse 23
Tomaten-Mozzarella-Spieße 41
Tomatensauce 85, 88, 91
Torta di cioccolato al Peperoncino 153
Tunfisch-Ecken 39
Tunfischfilet auf Selleriescheiben 115
Tunfisch-Melonen-Salat 69
Weinblätter, gefüllt 14
Wildkräutersalat mit Wachtelei 70
Wildlachs, gebeizt 106
würzige Blätterteigschnecken 18
Zander auf Orangen-Carpaccio 116
Ziegenkäse im gegrillten Zucchiniblatt 45
Zucchini-Kalbsröllchen mit, Oliven 19
Zucchini-Lamm-Türmchen 77
Zuckerschoten-Lachstartar auf Crostini 17

© 2014 Berlin Verlag in der Piper Verlag GmbH,
Berlin · Alle Rechte vorbehalten · Umschlaggestaltung:
ZERO Werbeagentur, München · Foodlektorin: Eva
Maria Möhring · Gesetzt aus der Simoncini Gara-
mond und der Neuen Helvetica durch Leslie Driesener,
Berlin · Druck und Bindung: Westermann Druck, Zwickau ·
Printed in Germany · ISBN 978-3-8270-1210-4